Le goût de l'archive

아카이브 취향

Le goût de l'archive

아를레트 파르주   김정아 옮김   **문학과지성사**

옮긴이 김정아

에밀리 디킨슨의 시로 영문학 석사학위를, 소설과 영화의 매체 비교 연구로
비교문학 박사학위를 받았다. 옮긴 책으로『역사: 끝에서 두번째 세계』
『발터 벤야민 평전』『발터 벤야민과 아케이드 프로젝트』『발터 벤야민 또는
혁명적 비평을 향하여』『발터 벤야민, 사진에 대하여』『자살폭탄테러』
『사랑한다고 했다가 죽이겠다고 했다가』『슬럼, 지구를 뒤덮다』
『버지니아 울프라는 이름으로』『폭풍의 언덕』『오만과 편견』『걷기의 인문학』
『감정 자본주의』『미국 고전 문학 연구』『3기니』(근간)『프닌』(근간)
『센티멘털 저니』(근간) 등이 있다.

채석장

아카이브 취향

제1판 제1쇄 2020년 3월 10일

제1판 제5쇄 2024년 4월 12일

지은이 아를레트 파르주

옮긴이 김정아

펴낸이 이광호

주간 이근혜

편집 최대연 김현주

펴낸곳 ㈜**문학과지성사**

등록번호 제1993-000098호

주소 04034 서울 마포구 잔다리로7길 18(서교동 377-20)

전화 02)338-7224

팩스 02)323-4180(편집) 02)338-7221(영업)

전자우편 moonji@moonji.com

홈페이지 www.moonji.com

ISBN 978-89-320-3604-5 03920

이 도서의 국립중앙도서관 출판예정도서목록(CIP)은 서지정보유통지원시스템 홈페이지
(http://seoji.nl.go.kr)와 국가자료공동목록시스템(http://www.nl.go.kr/kolisnet)에서
이용하실 수 있습니다. (CIP제어번호: CIP2020001589)

차례

무수한 흔적들

한여름에 만져도 얼음처럼 차갑다. 눈이 해독하는 동안 손은 점점 얼어붙어 간다. 손끝은 양피지 아니면 래그 페이퍼의 차가운 먼지로 점점 검어진다. 꼼꼼하고 가지런한 글자들로 차려입었지만, 미숙련자의 눈으로는 거의 해독 불가능하다. 열람실 책상에 등장할 때는 대개 두툼한 종이 뭉치의 모습을 하고 있다. 허리 부분은 가는 끈으로, 아니면 굵은 띠로 묶여 있고, 모서리 부분은 세월에, 아니면 쥐들의 이빨에 갉아 먹혀 있다. 귀중 자료(그 어떤 것과도 비교할 수 없이 값진[1] 자료)이자 손상 자료이니만큼, 끈을 끄를 때는 가벼운 접촉이 결정적 훼손을 초래할 수 있음을 염두에 두고 천천히 끌러야 한다. 이런 형태로 보관된 이래 한 번이라도 끈이 끌러진 적이 있는지 없는지는 한눈에 알아볼 수 있다. 끈이 끌러진 적이 없는 종이 뭉치의 가장 큰 특징은 단정한 겉모습이 아니라(지하 서고에서 수해를 입거나 전쟁 등의 참사를 겪은 적이 있을 수도 있고, 냉해나 화재를 당한 적이 있을 수도 있다), 먼지가 겉면에 고르게 눌어붙어 있다는 점이다. 세월 속에 내

---

1   (옮긴이) 다음을 참조. "지혜는 진주보다 더 값지고, 네가 갖고 싶어 하는 그 어떤 것도 이것과 비교할 수 없다"(「잠언」 3장 15절).

려앉은 차가운 회색 껍질. 그 먼지에 남은 유일한 흔적은 종이 뭉치의 중간 부분을 허리띠처럼 오랜 세월에 걸쳐 서서히 조여온 끈의 허연 자국이다.

내가 이 책에서 이용한 자료는 전부(거의 전부) '국립기록보관소'[2] '아스날 도서관'[3] '국립도서관'[4]에 대량으로 쌓여 있는 18세기 형사사건 관련 자료다. 우리가 역사가로 일할 수 있는 것도 바로 이런 자료 덕분이다.

경찰의 조서와 문건 같은 18세기 필사자료는 중세의 아름다운 채식彩飾 필사본과는 전혀 다르다. 그저 왕정이 백성을 감시하고 처벌했던 한 가지 수단, 그리고 세월이 왕정의 흔적을 저장해온 한 가지 수단일 뿐이다. 한편 오늘날의 경찰 자료와는 같은 점도 있고 다른 점도 있다. 코미세르 commissaire[5]와 수사관은 상부에 보고서를 올리고, 범인은 취

---

2   (옮긴이) Archives nationales[이후 AN].
3   (옮긴이) Bibliothèque de l'Arsenal[이후 BA].
4   (옮긴이) Bibliothèque nationale.
5   (옮긴이) 국왕이 임명한 일종의 지방관. 코미세르와 파리 카르티에의 관계에 대해서는 다음을 참조. "파리에는 20개의 카르티에가 있었고, 28명의 코미세르가 있었다"(Arlette Farge, *Histoire de la vie privée*, tom. III, *De la Renaissance aux Lumières*, Paris: Éditions du Seuil, 1986, p. 617); 이 참조문에 나오는 카르티에 개념에 대해서는 다음을 참조. "카르티에는 단순한 지리상의 공간이 아니라 독자적 규범과 법칙을 따르는 모종의 자치 환경이다. 다시 말해 카르티에는 각자가 모두에게 주시당하는 동시에 모두를 주시하는 곳이다. 카르티에의

조를 받고, 서기는 증인의 증언 내용을 구두점 없이 받아 적는다. 구두점이 없는 시대였다. 18세기 형사사건 아카이브는 고발장, 재판 기록, 심문 기록, 수사 기록, 판결문이 한 장 또한 장 쌓여서 만들어진다. 크고 작은 범죄들이 여기 묻혀 있고, 적극적 감시와 통제가 필요하다고 여겨진 사람들에 대한 무수한 경찰 문건들도 여기 묻혀 있다. 대개는 연도순, 월별로 정리된 종이 뭉치이고, 간혹 통가죽 장정으로 제본된 문건들도 있다. 범죄 기록을 인명별, 연도별로 담아놓은 회색 종이 상자들도 있다. 사료가 있다는 말은 사료를 입수하고 정렬하는 사서가 있다는 뜻이다. 18세기 형사사건 아카이브는 도서와 자료가 존재하는 모든 분야를 통틀어 가장 '거칠게 brutalement' 정렬되어 있지만(여기서 거칠다는 말은 날것brut 상태, 곧 종이 뭉치를 표지나 제본 작업 없이 그냥 끈으로 동여맨 상태라는 뜻이다), 어쨌든 나중에 나타날지 모를 이용자를 위한 정렬이다.

18세기 당대의 용도는 치안 활동이었지만, 후대의 용도는 다르다différé.[6] 200년이 넘는 긴 세월이 흐른 뒤에 이 자료를 증거로 채택할 이용자, 더 관습적이고 더 접근성이 좋은

감시 권력으로는 담당 코미세르와 그의 부하들, 그리고 교구 주임신부와 그의 시종들 및 부제들이 있다"(같은 책, p. 588).

[6]   (옮긴이) 동사 différer에 미룬다는 뜻과 다르다는 뜻이 있음을 이용한 말놀이이자 différance라는 데리다Jacques Derrida의 유명한 조어에 대한 오마주로 보인다.

9

인쇄자료를 거의 배제할 정도로 이런 필사자료를 중시할 이용자가 나타나리라는 것을 18세기에는 예상치 못했으리라.

이런 필사자료는 책이나 인쇄자료, '잡록relation'[7]이나 편지, 일지와는 다르다. 자전적 기록과도 다르다. 물리적 난점은 양이 너무 많다는 것이다. 들고 나는 춘분날의 밀물과 썰물 같기도 하고, 산사태 같기도 하고, 물난리 같기도 하다. 아카이브를 예측 불허의 자연재해에 빗대는 것이 그리 생뚱맞은 비유는 아니다. 아카이브를 이용하는 작업자 본인이 본인의 아카이브 작업을 물에 뛰어드는 것, 물속에 잠기는 것, 심지어 물에 빠져 죽는 것에 빗대는 경우도 많고… 그러고 보면 바다가 딱 맞는 비유다. 게다가 아카이브의 퐁fonds[8]이라는 자료 단위도 바다를 연상시킨다. 아카이브에서 내용상 동일한 자료들의 방대한 덩어리, 또는 한 사람이 한꺼번에 기증 또는 유증한 자료들의 방대한 덩어리를 퐁이라고 한다. 지하 서고에 무수하게, 어마어마하게 쌓여 있는 퐁들은 아주 드물게만 지상으로 올라온다. 대서양 연안 저지대의 '바스basses'라고 불리는 어마어마한 암초들이 1년에 딱 두 번 대조大潮 때만 나타나듯. 퐁을 사전적으로 정의한다고 해도 그 불가사의함과

---

7   18세기에 행상들이 유통시킨 낱장 인쇄물을 가리킨다. 잡다한
     뉴스나 기담들을 담고 있었다.
8   (옮긴이) 아카이브에 관한 전문용어인 '퐁'에는 바다 밑바닥이라는
     뜻도 있다.

의미심장함은 다행히 그대로 남는다. "자료가 그 형태 또는 재질과는 상관없이 유기적, 필연적으로 축적되어 있을 때, 다시 말해 한 자연인 또는 기관이 사적 또는 공적 활동 중에 축적한 자료가 아카이브에서 별도의 정렬 작업을 거치지 않고 그 상태 그대로 보관되어 있을 때 그 자료 덩어리를 퐁이라고 한다."[9]

사서들(도서와 자료를 정렬하고 관리하는 사람들)은 아카이브의 바다에 빠지지 않는다. 사서들이 아카이브에 대해서 말하는 방식은 예컨대 아카이브 선반이 몇 킬로미터라고 하는 식이다. 거인증巨人症의 한 형태일 수 있겠지만, 이 바다를 길들이는 영리한 방식이면서 동시에 어떤 이상의 반영, 언젠가 이 바다를 철저하게 정렬하겠다는 의욕의 반영일 수도 있다. 미터법의 비유는 한 가지 모순을 만들어낸다. 아카이브가 도로처럼 킬로미터로 측정되는 자료 선반들이라면, 아카이브 자료를 해독한다는 것은 애초에 불가능한 목표가 아닐까. 아무리 종이라고 해도, 고속도로처럼 끝도 없이 이어지는 것을 어떻게 해독하겠는가.[10]

18세기 형사사건 아카이브는 이렇듯 인간적 규모를 훌

9   Jacques André, "De la preuve à l'histoire, les archives en France,"
     Traverses, no. 36, janvier 1986, p. 29.
10   1980년의 계산에 따르면, 프랑스의 보관소 및 도서관 자료는
     연평균 75킬로미터씩 늘어나고 있다. 같은 책, p. 27 참조.

쩍 뛰어넘는 혼란스럽고 거대한 곳이지만, 미지의 세계를 거칠게brutalement 열어젖힌다는 의미에서 매혹적인 곳이기도 하다. 그곳에서는 밖으로 밀려난 사람들, 가난한 사람들, 불량한 사람들이 불안정하게 생동하는 사회에서 저마다 자기에게 주어진 악보를 연주하고 있다. 아카이브의 필사자료는 단번에 실재감을 준다. 전혀 알려지지 않은 인쇄자료라고 해도 필사자료만큼 실재라는 느낌을 주지는 못한다. 인쇄자료는 독자를 염두에 둔 텍스트, 곧 다수 독자의 이해를 위해 작성된 텍스트다. 인쇄자료의 목적은 어떤 생각을 전하는 것, 독자에게 어떤 생각을 불러일으키는 것, 있었던 일이나 떠오른 생각을 정리해서 보여줌으로써 기존의 상황에 변경을 가하는 것이다. 모든 인쇄자료는 해석을 가능케 하는 구성 방식을 따르고 있고, 어떤 모습의 인쇄자료든 설득과 인식의 변혁이라는 존재 이유를 가지고 있다. 18세기 계몽주의 시대의 인쇄자료는 그것이 공문서든, 픽션이든, 논쟁이든, 지하 문건이든 간에 신분의 장벽을 넘어 매우 빠른 속도로 전파되었다. 왕정의 검열에 걸릴 때도 많았다.[11] 모든 인쇄자료는 분명히 드러나 있든 숨겨져 있든 어쨌거나 항상 어떤 의도를 가지고 있지만, 그중에서 가장 단순명쾌한 의도는 독자에게 읽히겠

11   바스티유 아카이브Archives de la Bastille〔이후 AB〕에는 비방, 중상하는 인쇄물을 제작, 판매했다는 죄목으로 투옥된 인쇄업자들, 행상들, 책방 점원들에 대한 수없이 많은 문건이 보관되어 있다.

다는 것이다.

반면에 18세기 형사사건 아카이브의 필사자료는 이렇게 읽히겠다는 의도가 전혀 없는 날것 그대로의 삶의 흔적이다. 경찰이라는 현실, 불가피한 상황이라는 현실에 직면하지 않았다면 이렇게 읽힐 일이 전혀 없었을 것이다. 피해자든, 고발자든, 용의자든, 범인이든, 온화한 것과는 거리가 먼 경찰을 앞에 놓고 자기가 당한 피해를 설명하거나 남을 고발하거나 자기의 무죄를 증명해야 하는 이런 상황을 바란 사람은 아무도 없다. 그들의 진술은 사건이 발생한 이후에 나온다. 그런 진술에 그때그때의 전략이 있었다 하더라도, 인쇄자료의 바탕이 되는 사고 과정과 그런 진술의 바탕이 되는 사고 과정은 전혀 다르다. 그들은 문제의 사건이 발생하지 않았다면 말하지 않았을 것을 말하고 있다. 평소에 말하지 않던 것non-dit을 말하고 있다고도 할 수 있다. 잠시의 소란에 휘말렸던 사람들은 도대체 어떻게 동네와 일터 사이에서 또는 길거리와 건물 계단 사이에서 자기에게 '그런 일'이 일어날 수 있었나에 대한 해명, 변명, 설명을 늘어놓기 시작한다. 상해, 난투, 절도 등을 다루는 이런 짧은 이야기에서는 사건 관련자들이 바로크 회화의 불분명한 실루엣들처럼 등장한다. 사람들의 습성과 결함을 문득 드러내 보이기도 하고, 사람들의 선의와 생활양식을 상세히 펼쳐 보이기도 하는 이야기다.

일상이 옷감이라면 아카이브는 옷감의 해진 구멍이다.

예상치 못했던 사건이 일상의 안쪽을 엿보게 해준다. 아카이브에서 작업자가 주목하는 곳은 평범한 등장인물의 평범한 삶, 어느 날 갑자기 군중 속의 한 사람이 되어 훗날 역사라고 명명될 사태 속의 한 성분이 되는 경우가 아니라면 역사와 만나는 경우가 거의 없는 등장인물의 삶, 그런 삶의 몇몇 순간이다. 아카이브는 역사가 집필되는 곳이 아니라, 사소한 것과 비장한 것이 똑같은 일상적 어조로 펼쳐지는 곳이다. 치안 당국에게 중요한 것은 범인을 특정하고 처벌의 수위를 결정하는 것이다. 각 고발장, 각 조서는 질문에 끌려 나온 답변, 곧 평소 같았으면 나오지 않았을 말이 글로 옮겨지는 현장이다. 가난한 사람이 자전적 기록을 남기는 경우는 거의 없다. (형사사건 아카이브에는 경범죄 자료가 대부분이고 중범죄 자료는 거의 없다. 작업자는 이런 아카이브의 모든 자료에서 극빈층의 삶을 엿볼 수 있다.)

이런 아카이브를 해외의 이색적 소식을 전하는 단신 기사, 곧 '브레브brève'에 비유하는 경우가 많지만, 아카이브와 브레브는 다르다. 브레브는 독자에게 경악 또는 재미 또는 정보를 제공하기 위한 글인 반면, 이런 아카이브는 경찰이 감시와 처벌을 위해서 작성하는 기록이다. 아카이브에 구술되어 있는 사건은 구술자가 전혀 예상치 못했던 사건이고, 구술자 자신은 자기가 어느 날 그렇게 사건을 구술하게 되리라는 것을 꿈에도 몰랐던 사람이다(기록 내용이 날조냐 아니냐, 구술 내용이 사실이냐 아니냐는 또 다른 문제다). 아카이브의 위력, 작업자를 '사로잡는captiver' 매력이 바로 여기서 나온다. 아카이브에서 작업자는 드디어 실재를 터득했다는 느낌, 실재에 **관한 이야기**, 실재에 **관한 이론**을 통해 실재에 관해 연구하던 단계를 벗어났다는 느낌을 받는다.

바로 이런 느낌으로부터 어떤 나이브하면서도 농밀한 감각이 생겨난다. 베일을 찢는 감각. 앎의 불투명함을 헤치고 나아가는 감각. 불확실했던 긴 여행을 거쳐 드디어 존재들과 사물들의 본질에 가닿는 감각. 아카이브는 가려져 있던 것들이 드러나는 곳, 닿을 수 없게 된 것들뿐 아니라 살아 움직이고 있는 것들이 글줄 몇 개에 욱여넣어진 상태로 드러나 있는 곳이다. 진실의 작은 조각들이 지금 이렇게 아카이브에 좌초해 있다. 그 눈부신 선명함과 실재감 앞에서 작업자는 지금 눈앞에 있는 이것이 만나[12] 같은 선물임을, 아카이브의 어원

---

12   (옮긴이) 하느님이 이집트를 탈출한 이스라엘 백성에게
      내려주었다고 하는 음식. 다음을 참조: 그들은 다시 물었다.
      "우리에게 무슨 표정을 행하셔서, 우리로 하여금 보고 당신을 믿게
      하시겠습니까? […] '그[모세]는 하늘에서 빵을 내려서, 그들에게
      먹게 하셨다' 한 성경 말씀대로, 우리 조상들은 광야에서 만나를
      먹었습니다." 예수께서 그들에게 대답하셨다. "[…] 너희에게 빵을
      내려주신 이는 모세가 아니다. […] 내가 생명의 빵이다. 내게로
      오는 사람은 결코 주리지 않을 것이요, 나를 믿는 사람은 다시는
      목마르지 않을 것이다"(「요한복음」 6장 30~35절).

에 어울리는 기원[13]임을 확신한다.

형사사건 아카이브의 취조 자료와 진술 자료는 과거를 현재에 연결하는 기적을 일으키는 것만 같다. 이곳에서의 작업은 더 이상 죽은 존재들에 대한 작업이 아닌 것만 같고(물론 역사는 죽은 존재와의 만남이지만), 이곳의 자료는 지성과 감성을 동시에 자극할 정도로 첨예한 자료인 것만 같다. 흔치 않은 느낌, 가까운 현재(바로 지금)와 먼 과거(죽은 과거)를 뒤섞고 뒤얽는 생소한 존재들, 기구한 존재들, 의미로 가득한 존재들을 갑자기 만난 것만 같은 흔치 않은 느낌이다.

자전적 기록이나 일기를 발견했을 때도 비슷한 감각이 환기될 수 있겠지만, 둘 사이에는 큰 차이가 있다. 다락 한구석에 감추어져 있던 일기장이 수백 년이 지난 뒤에 발견되었다면, 그렇게 발견되는 것이 어느 정도까지는 저자의 의도였을 수 있고, 저자의 삶에서 일어났던 사건들이 글로 기록되어야 했다는 것이 저자 자신의 판단이었을 수 있다.[14] 하지만 18세기 형사사건 아카이브는 그런 의도나 판단과 전혀 무관하다. 증인이든, 이웃이든, 도둑이든, 사기꾼이든, 폭도든, 그들의 말과 행동과 생각이 글로 기록된 것은 그들이 원했기 때문

13   (옮긴이) '아카이브'의 어원은 시작, 원천, 기원을 뜻하는 그리스어 '아르케'다.

14   Philippe Lejeune, *La Pacte autobiographique*, Paris: Éditions du Seuil, 1975.

이 아니라 전혀 다른 이유들 때문이었다. 그래서 모든 것이 달라진다. 글의 내용은 물론이고, 작업자와 글의 관계도 달라진다. 특히 작업자가 느끼는 실재 감각이 달라진다. 실재가 더 끈덕지게 들러붙는 것만 같다. 실재가 엄습해오는 것 같다고 말할 수도 있다.

어느 아침, 아스날 도서관

서류의 매끄럽고 뻣뻣한 감촉에 한참 익숙해져 있던 손끝에 거친 감촉이 낯설게 드리워진다. 헝겊이다. 종이와 종이 사이의 흰색 헝겊 한쪽 면을 반듯하게 꾹꾹 눌러 쓴 글자들이 가득 채우고 있다. 편지다. 오랫동안 바스티유 감옥에 갇혀 있던 한 남자가 아내에게 쓴 간곡하고 애정 어린 편지. 남자가 편지를 반출하기 위해 사용한 방법은 헝겊에 쓴 편지를 누더기 빨랫감 사이에 숨기는 것이었다. 결과가 걱정스러웠던 남자는 빨래하는 여자에게 부디 양말을 빤 뒤에 파란 실로 아주 작은 십자가를 남겨달라고 부탁했다. 세탁된 양말에 파란 십자가 표시가 있었다면 그 헝겊 편지가 제대로 갔다는 신호였을 텐데. 결국 그런 십자가는 없었으리라는 것을 18세기 형사 사건 아카이브에서 발견된 이 헝겊 조각이 말해주고 있다…[15]

약간 불룩한 서류 뭉치가 또 있다. 조심스럽게 들추어보니, 종이 상단에 거친 천으로 만든 작은 주머니가 핀에 꽂혀 있다. 그냥 보아서는 안에 들어 있는 게 뭔지 알 수 없다. 주머니가 꽂혀 있는 종잇장은 시골 의사가 왕립의사협회에 보낸 편지. 무슨 내용인가 하면, 자기가 잘 아는 정직하고 정숙한 젊은 여자가 있는데, 그 여자의 가슴에서 한 달에 한 번씩 씨앗이 흘러나온다는 내용. 천 주머니가 증거라는데.

200년간 열린 적이 없는 주머니를 열 것인가, 말 것인가. 조심조심 열고, 핀을 뺀다. 굵은 핀이 꽂혔던 자리에 녹 묻은 구멍이 생겼다. 잘됐다. 이 구멍에 다시 핀을 꽂으면 원래대로 여며질 것 같다. 주머니 안에서 나온 것은 노랗게 빛나는 씨앗들이다. 씨앗이 빗방울처럼 쏟아진 곳은 노랗게 변색된 종잇장. 잠깐 쏟아진 햇빛. 이 씨앗이 정말 의사의 말대로 그 젊은 여자의 꽃 같은 몸에서 나온 것이라면? 실재하는 동시에 비물질적이고, 진짜 몸에서 나왔다고 추정되는 동시에 월경에 대한 의학적 설명 중 하나라고 추정되기도 하는 이 씨앗은 아직 발아할 수 있다. 말장난이기도 하지만 경이적인 가능성이기도 하다.[16]

15   아스날 도서관의 바스티유 아카이브 자료. AB 12057, 8 juillet 1759.

16   Bibliothèque de l'Académie de médecine[의학 아카데미 도서관]의 SRM[왕립의사협회 아카이브Archives de la Société royale de médecine] 179, affaire Anne Barbaroux, 1785. 그리고 Jean-Pierre Peter, "Entre femmes et médecins. Violences et singularités dans

아카이브에서 느껴지는 실재감을 묘사하는 데는 이렇듯 서류 뭉치를 뒤적이다가 우연히 발견한 헝겊 편지와 노란 씨앗이 좋은 예가 되어준다. 트럼프 카드의 뒷면에 숫자를 휘갈겨 쓰거나 주소를 적어놓은 경우도 있고, 조서의 여백에 낙서를 하거나 알아볼 수 없는 글자를 써넣은 경우도 있다. 낙서는 서기가 잠시 딴생각에 빠져 있었다는 증거이고, 알아볼 수 없는 글자는 수사관이 깃털 펜을 손에 든 채 자기가 쓴 조서를 다시 읽었다는 증거다. 경악과 싸우고 고통과 싸우고 사기와 싸우는 사람들의 삶에서 가장 은밀했던 순간들, 글로 옮겨지는 일이 거의 없었던 순간들, 그런 순간들의 물질적 흔적이 그 사라진 세계와 함께 돌아오기라도 한 것처럼. 아카이브에는 그런 순간들이 화석처럼 아무렇게나 던져져 있다. 작업자가 그런 순간들을 읽거나 만지거나 끄집어낼 때면 일단 이것이 실재했으리라는 느낌을 받게 된다. 작업자가 아카이브에서 읽게 되는 말이나 만지게 되는 물건, 곧 아카이브에 남겨져 있는 흔적은 실재했던 것의 형상이 된다. 먼 과거에 실재했던 것의 증거가 드디어 가까운 이곳에 나타나기라도 한 것처럼. 아카이브가 앞에 펼쳐지면서 작업자에게 '실재를 만지는' 특권을 안겨주기라도 한 것처럼. 그때부터 작업자는 자문하게 된다. 이렇게 종이 위에, 아니면 종이 사이에 다 들어 있

le discours du corps d'après les manuscrits médicaux de la fin du XVIIIe siècle," *Ethnologie française*, tom. 6, no. 3~4, 1976 참조.

는데, 이미 있는 것에 관해 왜 길게 떠들어야 하지? 왜 굳이 다른 말로 설명해야 하지?

이런 느낌들이 작업자를 엄습해오지만, 오래 지속되지는 않는다. 신기루 같다고 말할 수도 있다. 실재가 여기서 이렇게 눈에 보이고 손에 만져지는 것 같지만, 실재가 말해주는 것은 실재 자체 이외에는 아무것도 없다. 눈에 보이고 손에 만져지는 것이 실재의 본질이라고 생각한다면, 그것은 좀 나이브한 생각이다. '자료 반납retour d'archives'[17]은 때로 힘든 과정이다. 흔적을 되찾은 순간의 느낌은 물리적 쾌감이지만, 그 다음 순간의 느낌은 되찾은 흔적의 사용법을 모르고 있는 게 아닐까 하는 무력한 의심이다.

헝겊 편지에는 감동적인 데가 있다. 많은 박물관이 전시물로 탐낼 만한 물건이다. 하지만 중요한 일은 다른 데 있다. 중요한 일은 헝겊 편지가 여기 있다는 것이 무슨 뜻인지를 해석해내는 것, 헝겊 편지의 의의를 연구하는 것이다. 그러려면 헝겊 편지의 '실재성'을 의미화할 만한 기호체계들을 동원해야 한다. (역사는 그런 기호체계들을 습득하는 데 필요한 문법이 되기를 지향할 수 있다.) 노랗게 빛나는 씨앗과 트럼프 카드는 전부이면서 동시에 무다. 인식보다 커서 인식되지 않는다는 점에서는 전부지만, 가공되지 못한 흔적일 뿐이라는

---

17   도서관 작업을 마치고 집으로 돌아간다는 뜻의 업계 용어.

점에서는 아무것도 아닌 무다. 그 흔적 자체만 보겠다고 하는 작업자는 그 흔적 이외에는 아무것도 볼 수 없다. 작업자가 그 흔적을 자료로 수집한 순간에는 뛸 듯이 기쁠 수 있지만, 그것의 역사가 존재하게 되는 것은 작업자가 그것을 자료로 수집한 순간부터가 아니라 그것을 향해서 질문을 던지는 순간부터다. 그래도 그 흔적을 잊을 수는 없다. 어느 날 그렇게 눈앞에 나타난 씨앗의 색깔, 힘깊의 글자…

과장하지 말자. 씨앗이 그렇게 아카이브에서 발아하는 경우는 드물다. 흔적들의 놀라움이 지나가면, 사건들의 지루함이 시작된다. 작업이 산만해지고 무료해진다. 물론 고발 내용은 모두 조금씩 다르고, 동네 난투가 벌어지는 방식도 모두 조금씩 다르지만, 조서는 언제나 똑같은 형식이고, 심문 역시 거의 똑같은 틀을 따르는 듯하다. 수사도 마찬가지고, 증인들의 대조확인récolement[18]도 마찬가지고, 판결도 마찬가지다. 유기 추방과 징역 3년 사이에서 수많은 기결수가 줄줄이 지나간다. 자신의 죄를 인정하거나 자기는 체포당했던 곳에 간 적이 없다고 발뺌할 수 있는 시간은 아주 잠깐이다.

경범자 명부와 수형자 명부는 육중하고 과묵하다. 읽으려면 목재 열람대가 필요할 정도로 육중하고, 무수한 세로 단에 수천 개의 생소한 인명이 쓰여 있을 뿐이라는 의미에서 과

---

18   피고인 심문 이후에 하는 증인 심문 청구를 뜻하는 18세기 법률
      용어.

묵하다(인명과의 관련성을 파악하기 힘든 관련 정보들이 뒤따라오는 경우도 있다). 등록과 통제가 막 제도화되던 때의 명부이니만큼 오늘날과 같은 정확성을 기대하기는 어렵다. 자료의 형태는 길고 권태로운 명단, 작성자는 대개 단 한 명의 서기. 명단은 때로 중간에서 끊기지만 서기가 왜 그때 작성을 중단했는지는 알 수 없다. 명부 제목은 상당한 기간의 명단을 약속하지만 명부 내용은 제목의 약속을 지키지 않는다. 이런 식의 형사사건 아카이브를 어떻게 이용할 것인가는 어려운 문제다. 정신 구조의 역사histoire des mentalités[19]보다는 수량화 가능한 역사histoire quantitative에서 이런 식의 자료를 주로 이용하는 것 같기도 하다. 아카이브 열람실의 어느 관록 있는 작업자가 하루는 지루함을 달랠 목적으로 열 손가락에 반지를 끼고 왔더라는 이야기도 있다. 두 손이 세로로 긴 명부를 끝없이 훑어 내리는 동안 두 눈이 주의력을 잃지 않게 하는 방법이었다. 아무리 암담한 자료라고 해도 그렇게 끝없는 작업을 끝내면 건질 것이 없지는 않았다.

18세기 형사사건 아카이브는 다른 어떤 책이나 소설보다 많은 등장인물로 북적인다. 이름은 알아도 어떤 사람인지는 전혀 알 수 없는 등장인물들의 북적임이 작업자에게는 오히려 더 큰 고독감을 안겨준다. 아카이브가 작업자에게 일찌

---

19   (옮긴이) 심성사라는 번역어가 정착된 듯하다. 위키피디아
      (https://ko.wikipedia.org/wiki/심성사) 참조.

감치 안겨주는 충격적 모순이 바로 이것이다. 아카이브는 한편으로는 해일처럼 작업자에게 덮쳐오지만, 다른 한편으로는 그렇게 압도적이라는 점 때문에 오히려 작업자를 고독하게 한다. '생동하는' 존재들이 압도적으로 덮쳐올수록 그들을 모두 알아보고 역사로 써내는 것은 도저히 가능할 것 같지 않다. 무수한 흔적들… 모든 작업자의 꿈이기는 하다(흔적에 목마른, 고대사 연구자들을 생각해보라). 흔적의 무수함 앞에서 작업자는 한편으로는 멈칫하지만 다른 한편으로는 매료되어 다가간다.

자료가 무수히 많다는 것은 무슨 뜻일까? 고려의 대상이 된 적이 없었던 존재들을 망각으로부터 건져내려면 어떻게 해야 할까? (살아 있을 때도 어쩌다 사건에 휘말려 처벌의 대상 또는 교도의 대상이 되지 않았다면 고려의 대상이 되지 않았을 존재들이다.) 역사의 과제가 과거를 온전한 형태로 부활시키는 것이라면 그것은 불가능한 과제지만, 이 끈덕진 북적임이 작업자에게는 어떤 청원으로 보이기도 한다. 아카이브 작업자는 운집한 군중을 홀로 대면하는 개인이라고도 할 수 있다. 군중에게 매료된 고독한 개인. 작업자는 내용의 위력을 예감하면서 동시에 해독의 불가능성, 원상 복구의 환상성을 예감한다.

아카이브 전체를 자료로 수집해 읽을 수 있게 편찬하면서 아카이브의 눈부신 디테일과 무한정한 내용을 즐기고 싶다는 감정과 아카이브에 정확한 질문을 제기함으로써 아카이브를 의미화해야 한다는 이성 사이에서 긴장이 만들어지기도 한다. 이성과 감정이 갈등을 일으킬 때도 많다. 아카이브에서 역사를 써내겠다는 결심은 이성과 감정이 동시에 작용한 결과다. 이성과 감정은 서로를 뒷받침하는 관계이지, 상대를 패배시키거나 질식시키는 관계도 아니고 서로 뒤섞이거나 상대에게 딸려가는 관계도 아니다. 이성의 길과 감정의 길은 서로 연루되어 있는 만큼, 작업자가 어느 수준을 넘으면 이성과 감정 간의 필요불가결한 구분이라는 문제를 더 이상 제기하지 않게 된다.

모종의 경로로 입수되어 아카이브 안에 정렬된 자료. 사서가 도서관 책상에 올려놓은 자료. 작업자가 손으로 넘길 수 있는 종이 자료. 프랑스에는 이런 자료가 가장 흔하다. 기계화가 느리게 진행되는 탓이다.

충격에 취약한 18세기 필사자료를 복사기로 복제하는 것은 불가능한 만큼, 현 시점에서 가능한 복제 수단은 마이크로필름 또는 마이크로피시라는 매개 수단뿐이다. 사용할 수밖에 없지만 사용하다 보면 시력이 상한다. 자료를 대출하는 것, 페이지를 한 장 한 장 넘기는 것, 앞뒤로 뒤적거리는 것을 불가능하게 하는 이 박정한 열람 시스템은 아카이브 작업을, 나아가 아카이브 해석을 눈에 띄게 바꾸어놓았다. 자료 보존에 유용한 것은 물론이고 자료에 질문을 제기하는 새로운 방

24

식을 끌어낼 수 있는 유익한 시스템이지만, 일부 작업자에게는 자료에 가닿는 촉각적, 직접적 통로를 차단하는 시스템, 과거의 흔적을 만지고 있다는 느낌을 없애버리는 시스템이기도 하다. 아카이브의 필사자료가 살아 있는 자료라면, 그것을 복제한 마이크로필름은 (물론 필요하지만) 조금은 죽어 있는 자료lettre morte[20]다.

자료를 읽는 일과 자료를 자기 것으로 삼는 일은 완전히 다르다. 이렇게 말하면 놀랄 사람이 있을지 모르겠지만, 도서관에서 자료 작업에 들어가는 시간은 곧 자료의 글자를 한 자 한 자 그대로 베끼는 데 들어가는 시간이다. 이런 시시하고 엉뚱한 일 속에서 또 하루가 지나가고 저녁이 오면, 역사가라는 이 피곤하고 강박적인 직업에 대해 자문해보게 된다. 이렇게 흘러간 시간은 그저 잃어버린 시간일까? 아니면 잃어버린 시간을 되찾겠다는 이상에 바쳐진 시간일까? 어린 시절, 초등학교 시절의 가을이 떠오른다. 나는 죽은 잎들feuille morte[21] 사이에서 단어들과 문장들을 베껴 쓰곤 했다. 수업 시간에 교사가 학대당했다고maltraité[22] 판단한 단어들과 문장들. 정말

20   (옮긴이) 죽은 문서라는 뜻과 함께 효력을 상실한 문서라는 뜻이 있음을 이용한 말놀이.
21   (옮긴이) 낙엽이라는 뜻과 함께 못 쓰게 된 종이라는 뜻이 있음을 이용한 말놀이.
22   (옮긴이) 학대당했다는 뜻과 함께 문법적으로 틀렸다는 뜻이 있음을 이용한 말놀이.

이지 아카이브 작업에는 어린아이가 글자를 배우는 것과 비슷한 면이 있다. 하지만 아카이브 작업에는 좀처럼 정의할 수 없는 다른 면, 책을 베끼는 데 삶을 바친 베네딕도회 수도사들의 학구적 필사와 비슷한 면도 있다. 자료를 베끼는 작업이 점하는 시간대plage[23]는 둘 사이의 어딘가에 있다. 어쨌든 정보화 시대에 이렇게 자료를 베끼고 있다니, 작업이라고 하기도 어려운 작업, 시작하자마자 바보가 되는 것 같은 작업이다. 어쩌면 그러다 정말로 바보가 되는지도 모르겠다. 중요한 부분을 메모하든지 전체의 요지를 정리하든지 하면 좋을 것 같은데, 주구장창 그저 베끼고 있다니 분명 바보 같은 면이 있다. 그러고 있는 것이 그저 바보라서일 수도 있고, 바보에 고집쟁이에 잘난 척하는 미치광이라서일 수도 있다. 하지만 그렇지 않을 수도 있다. 이렇게 자료를 한 자 한 자 똑같이 따라 그리는 작업에는 이것이야말로 반드시 필요한 작업이라는 느낌, 이것이야말로 자료와 한편이 되면서 동시에 사료와의 거리를 유지할 수 있는 가장 효과적인 작업이라는 느낌이 따라온다. 디드로Denis Diderot를 베끼고 싶다는 욕구를 느낀 적이 없다 하더라도 디드로를 이해하는 데는 아무 문제도 없다는 것이 그렇게 틀린 말은 아니겠지만, 아카이브에서 필사자료를 접한 작업자는 그렇게 자료를 베낌으로써 자료 속

23   (옮긴이) 시간대라는 뜻과 함께 해변(좌초된 것들이 떠밀려오는 곳)이라는 의미가 있음을 이용한 말놀이. 이 책 p. 150 참조.

의 문장들이 만들어내는 거친 흐름(질문들과 답변들의 소용
돌이, 말들의 아나키)과 한편이 되고 싶어진다. 하지만 동시
에 그 흐름을 벗어나고 싶어지기도 한다. 작업자는 친숙함과
거리감 둘 다를 원한다.

　　아카이브 취향은 이 저수익의 더딘 수작업 과정을 통해
서 생겨난다. 자료를 한 조각 또 한 조각씩 그대로 베껴나가
는 과정. 표현 하나, 철자 하나, 구두점 하나도 바뀌지 않는
과정. 생각이 너무 깊어지지는 않는 과정. 생각이 끊어지지
도 않는 과정. 손의 움직임 덕분에 머리가 자료의 세계(자료
가 나온 시대, 자료 속에 나오는 사람들)와 한편이 되면서 동
시에 그 세계와 거리를 유지할 수 있기라도 한 듯. 심사숙고
가 필요한 메모 작업(꼭 필요할 것 같은 부분만 뽑아내고 나
머지 자료는 그냥 읽어 넘기는 작업)에 비해, 지나간 세기의
음절들과 단어들을 모사하고 지나간 세기의 어형을 보존하
는 방식의 작업이 오히려 자료가 나온 시대 속으로 과감하게
뛰어들기에 더 유리하기라도 한 듯. 이제 내게 이런 수작업은
나머지 작업과 구별될 수 없을 정도로 중요해졌다. 아카이브
의 한 대목을 하얀 종이 위에 베껴 쓰는 일은 시간의 한 조각
을 길들이는 일이다. 테마가 정해지고 해석이 정리되는 것은
나중의 일이다. 시작은 언제나 이 수작업이다. 시간이 걸리고
어깨와 뒷목이 뻣뻣해지기도 하지만, 의미가 나타나는 것은
언제나 이 수작업을 통해서다.

출입문에 이용 시간 안내문이 붙어 있다

출입문에 이용 시간 안내문이 붙어 있다. 시설 이용 시간과 자료 열람 시간이 꼭 일치하는 것은 아님을 알 방법은 없다. 안내문 하단에 공휴일과 주말을 전후한 기타 휴관일이 길게 타이핑되어 있다. 상단에 문화부 *ministère de la Culture*라는 문구가 인쇄되어 있는 평범한 공문서 양식의 종이인데, 처음 오는 사람은 못 보고 지나칠 정도로 눈에 띄지 않게 붙어 있다. 그 무거운 문을 열고 들어온 남자도 안내문을 못 보고 지나쳤다. 도착한 시간이 오전 열람 시간이 끝나기 *10*분 전이라는 것을 알 방법도 없었다. 하지만 이 남자는 느긋하기만 하다. 지하철역을 빠져나와 막연히 주변을 둘러보면서 빈 시간을 때울 만한 가장 가까운 카페를 찾았던 것뿐이니까.

응장한 건물. 대단히 편하게 올라갈 수 있는 돌계단. 계단 폭은 널찍하고 계단 높이는 보폭에 맞으며 계단 난간은 완만하게 올라가다가 오른쪽으로 급하게 휘어진다. 난간이 끝나는 곳에는 인조 크리스털 장식이 있고 계단이 끝나는 곳에는 모르는 사람의 흉상이 있다. 흉상 하단에는 이름이 새겨져 있지만 역시 모르는 이름이다. 사료 연구자, 아니면 사료를 기부한 후원자일 것이라고 짐작해보면서 걸음을 늦추지 않는다. 복도를 어둡게 만드는 거대한 벽화는 막연하게 전원풍이면서 확실하게 관학풍이다. 한기가 돈다. 바깥 날씨는 따뜻하지만 실내 공기는 차고 습해 어깨가 서서히 움츠러든다. 닫힌 문이 여러 개 보인다. 그중에 하나를 밀고 들어가면 열람실이 나올 것 같은데, 어느 문을 밀면 될지 알 방법이 없다. 느긋하게 걷던 이 남자가 조금 흔들리는 것이 바로 이 순간이다. 망설이는 기색, 쭈뼛쭈뼛하는 기색, 모르면서 아는 척하는 기색. 도착했을 때의 여유 만만하던 모습은 어느새 사라지고 없다. 여기까지 오는 동안 마주쳐 지나간 사람들이 누가 봐도 여유 만만한 모습이었다는 것도 그 이유 중 하나다. 전혀 튀어 보이지 않으면서도 관록을 느끼게 하는 열람자들. 오래전부터 이런 종류의 서식지와 공모 관계를 맺어온 열람자들이다. 천만다행히도 그런 사람 한 명이 앞질러 간다. 왼 어깨에 서류가방을 메고 오른팔에는 한때 오렌지색이었을 파일을 낀 사람이다. 이 순간부터는 한결 가벼워진 표정으로 그 앞질러 가는 사람을 따라가기 시작한다. 첫번째 복도를 지나니 탁 트인 공간이 나온다. 닫힌 문 하나의 상단에 방 이름이 쓰여 있다. 무심한 듯 창밖으로 정원 우듬지를 내려다보다가 발을 들여놓은 곳은 상당히 넓은 대기실이다. 대기실 안에는 낡은 벨벳 장의자 세 개와 장식장 두 개가 놓여 있고, 장식장 안에는 오래된 훈장들이 들어 있다. 오른쪽 벽에 또 다른 문이 있다. 열린 문틈으로 들여다보이는 안쪽에는 검은 선반이 줄줄이 서 있고 그 위에는 무수히 많은 종이 상자들이 마구 쌓여 있다. 이사 전날 같기도 하고 대참사 다음 날 같기도 하다. 얼른 앞사람을 따라간다. 앞사람은 양손의 짐에도 불구하고 뒷사람을 위해 모든 문짝들을 정중하게 잡아준다. 이렇게 마지막 관문을 통과한 순간, 훅 끼쳐오는 따뜻한 공기가 이곳이 열람실임을 알려준다.

⚜

1번 좌석은 열람실의 모든 좌석 중에 단연 최고다. 높은 십자가형 창문 근처라 밝고, 왼쪽에는 좌석 대신 사람들이 오가는 통로가 있어서 팔꿈치를 마음대로 움직일 수 있다. 자리에 앉으면 좋은 시야가 확보된다. 천장이 높은 열람실의 2층 위치에 설치된 좁은 발코니의 목재 난간도 올려다보인다. 매일 아침 10시에는 1번 좌석을 노리는 사람이 최소 두 명이다. 끝나지 않는 작은 전쟁이 이렇게 만들어진다. 소리 없는 전쟁, 보이지 않는 전쟁, 그럼에도 인정사정없는 전쟁이다. 승리의 요건은 그저 출입문 앞뜰에 제일 먼저 도착하는 것, 그러고는 한순간도 경계를 늦추지 않는 것, 상대방에게 그 어떤 추월의 움직임도 허용하지 않는 것이다. 이것이 얼마나 무자비한 전쟁인지, 열람실에서 좋은 자리에 앉는 것이 얼마나 엄청난 특권인지 모르는 사람은 모른다. 욕심내는 티를 내지 않으면서 차질 없이 이 특권을 확보하려면 일찍 일어나야 한다. 아침 식사

때 시간을 끌지 말아야 하고, 신문을 살 때 헤드라인을 들여다보지 말아야 하며, 지하철역을 빠져나오면서 경쟁자가 앞서 가고 있지는 않은지 몰래 살펴야 하고, 발걸음을 재촉하지 않으면서 출입문 앞까지 가야 한다. 만약 경쟁자가 같은 열차에서 내린다면, 뛰지 말아야 한다. 인사를 하거나 미소를 지어 보이는 등의 야합도 삼가야 한다. 야합은 성가신 타협을 초래하게 마련이다. 경쟁자가 같은 열차에서 내렸다면, 평소대로 가는 척하다가 사람들이 잘 모르는 지름길로 은근슬쩍 접어들어야 한다. 출입문이 열렸을 때 경쟁자와 나란히 계단을 올라가게 되었다면, 1번은 당연히 자기 것이라는 초연한 표정을 짓는 것이 중요하다. 그렇게 넘치는 자신감 앞에서 상대방은 옆 좌석인 2번으로 물러나게 된다. 2번보다 16번이 더 좋을 수도 있다. 1번 맞은편이라서 밝다는 것과 자리에 앉으면 반대편 시야가 확보된다는 것도 16번의 좋은 점이지만, 16번 점유자가 1번 점유자 쪽으로 집요한 분노의 시선을 보낼 수 있다는 모질고 독한 이득도 있다. 이렇게 하찮은 전쟁에서 승리자가 되었다는 것은 항상 좀 한심한 일인 만큼, 1번 점유자에게는 매우 불쾌한 시선이다. 이 전쟁에는 단 하루의 데탕트도 없다. 하지만 유난히 피곤한 아침도 있다. 그런 날은 침대에서 내려오는 순간 패배를 인정하게 되고, 차 한 잔을 앞에 놓고 공상에 빠지는 것, 고양이와 떠들면서 욕조 거품 속에 잠기는 것, 창문을 절반쯤 열어놓고 복잡한 3연속 스텝 같은 어려운

31

춤동작을 연습하는 것도 가능해진다. 경쟁자가 이미 1번 좌석을 차지했을 시간이니만큼 패배는 기정사실이다. 이제는 패배를 초연하게 받아들이기만 하면 된다. 패배를 새로운 형태의 승리로 받아들일 수도 있다. 패배가 어떻게 받아들여지느냐는 그 순간의 기분, 예컨대 포트의 찻물이 흘러넘쳤느냐 아니냐에 달려 있다. 찻물이 잘 따라졌다면, 최대한 여유를 누려볼 수 있다. 날씨 뉴스까지 다 듣고 집을 나설 수도 있고, 개똥을 밟지 않기 위해 신경을 곤두세워야 하는 평소와는 달리 길에서 마주친 모든 개를 귀여워해줄 수도 있다. 지하철역을 빠져나올 때는 아우스터리츠[1]의 아침과 비슷하다. 10시 반. 출입문 앞뜰에는 이미 아무도 없다. 열람실에 들어가는 순간에는 개선장군처럼 의기양양해야 한다. 오늘 아침에 교전 한 번 없이 1번을 차지하게 된 경쟁자는 잔뜩 긴장하고 있다. 이제 남은 일은 가장 먼 곳에 꽂혀 있는 책들을 멍하니 바라보면서 걸어가다가 무심코 1번을 툭 치는 것, 그러고는 1번의 바로 등 뒤 37번 좌석에 앉는 것이다. 곁눈질로 보면, 1번의 뒷목이 아주 미세하게 좀더 경직되어 있는 것을 알 수 있다. 37번을 선택하는 것은 당연하다. 37번의 좋은 점으로는…

1   (옮긴이) 파리 13구의 길 이름 중 하나가 아우스터리츠 둑길Quai d'Austerlitz이다. 아우스터리츠 전투(1805)—나폴레옹이 이끄는 프랑스군이 러시아-오스트리아 연합군을 상대로 승리한 전투—가 벌어졌던 아우스터리츠(지금의 슬라브코프우브르나)에서 따온 이름이다.

아카이브에 누가 있는가

형사사건 아카이브를 중요하게 다루는 것 그 자체는 자연스러운 작업 노선일 수 있겠지만, 형사사건 아카이브를 작업의 유일한 출발점으로 삼는 것, 형사사건 아카이브를 역사 논의의 장으로 끌고 와서 주요 대화 상대로 삼는 것은 그렇게 자연스러운 작업 노선은 아니다. 역사를 연구하는 새로운 방식들이 점점 정교해지는 이때, 몇 세기 전 사람들의 삶에 대한 구체적 정보를 찾고 또 찾으면서 한 해 또 한 해를 보내는 일에는 솔직히 말해서 좀 하찮은 면이 있다(왜 아니겠는가?). 하지만 형사사건 아카이브가 얼마나 많은 것들을 역사의 무대에 올려놓았는지도 잊지 말았으면 한다.

파리라는 도시

이 아카이브에서는 파리라는 도시 자체가 중요한 등장인물이다. 파리가 파리에 사는 사람들을 통해 만들어지듯, 파리에 사는 사람들은 파리를 통해 만들어진다. 파리라는 도시에서 나타나는 사회성의 경향들은 파리라는 도시에 생긴 얽히고

설킨 길들과 비밀 없는 공동주택들에 상응한다.

아카이브에 등장하는 파리는 일단 모든 크고 작은 사건들에 반응하는 과밀 도시로서, 날마다 몰아닥치는 뉴스와 소문의 파도에 너무 쉽게 흔들리는 모습이다. 하지만 천재지변이나 사고에 맞닥뜨리면 힘껏 방어에 나서는 모습을 보여주기도 한다. 연례 기념일을 잘 챙기는 도시지만, 왕실 축제와 불꽃놀이를 동반하는 '경축 행사'가 벌어질 때면 순순히 동원되어주는 경우가 있는가 하면 아예 관심을 보이지 않는 경우도 있다. 경찰 문건들은 무한히 촘촘한 법망 사이에서 불안에 떨거나 열을 올리거나 애원하는 파리에 대한 이야기를 들려준다. 냉정해지거나 화를 내는 파리의 모습, 이 도시에서 일어나는 모든 일에 집요하고 격렬하게 반응하는 파리의 모습을 보여주기도 한다.

파리가 한시도 경계를 늦추지 않고 매사에 민감하게 반응함으로써 좋은 여론이든 그렇지 않은 여론이든 어쨌든 여론을 조성할 수 있는 도시였던 것은 두려움을 안겨줄 수 있는 도시였기 때문이다. 파리는 부자들에게, 여행자들에게, 그리고 왕과 치안 당국에게까지 두려움을 안겨주는 도시, 여러모로 불가해한 도시였다. 경찰이 18세기 내내 어마어마한 분량의 문건을 작성했던 것도 그 불가해함을 제거해보고자 함이었다. 치안 당국은 파리를 고분고분하게 만들기 위해 엄중한 감시망을 늦추지 않았지만, 파리가 루이-세바스티앙 메르시에의 연대기[1]나 니콜라 레티브 드 라 브르톤의 이야기[2] 속에서처럼 도무지 종잡을 수 없는 도시인 것은 이 육중한 경찰 문건에서도 마찬가지다. 불투명하고 불완전하다는 것이 바로 이 도시의 속성이다. 치안 당국이 매달 지치지도 않고 새로 만들어내는 법규의 단조로움으로부터 이 도시의 무질서함을 추측해낼 수도 있다. 파리는 좀처럼 법규를 지키지 않는 도시, 상부의 명령을 절대 듣지 않는 시끌벅적하고 활기차고 익살스러운 도시다. 이렇듯 파리는 치안 당국의 통제가 좀처럼 먹히지 않는 도시였다는 것, 파리를 바람직한 상태로 고정하겠다는 치안 당국의 꿈은 결코 실현되지 않았다는 것을 적나라하게 보여주는 것이 바로 경찰 문건이다.

어떤 의미에서 파리는 아카이브에 현행범으로 붙들려 있다. 치안 관리들의 이상을 아예 거부하거나 그때그때의 사건마다 왕에게 좋다거나 싫다는 표시를 하는 모습으로 붙들려 있기도 하고, 위협을 느끼는 경우에 들고일어나는 모습으로 붙들려 있기도 하다. 파리에서 폭동, 항명, 내란은 사회의 상시적 사태라는 것, 파리는 이런 사태들을 타개하거나 조장할 줄 아는 도시이자 그 초기 징후를 쉽게 감지해내는 도시라는 것을 경찰 문건을 읽는 작업자는 확인할 수 있다.

1   Louis-Sébastien Mercier, *Tableau de Paris*, 12 vol, Amsterdam, 1782.
2   Nicolas Rétif de La Bretonne, *Les Nuits de Paris*, 2 vol., éd. Paris, 1930〔초판은 1788~93〕.

사람들의 말

아카이브에서 파리라는 도시 다음으로 조명되는 것은 파리 사람들의 이러저러한 얼굴들이다. 그림자처럼 어른거리는 파리의 군중 사이에서 몇몇 얼굴들이 또렷하게 조명된다. 질서가 깨지는 경우에는 아무리 사소한 경우라도 치안 문건이 만들어진다. 무슨 말을 하는지 알아듣기 힘든 존재들을 무명의 어둠으로부터 줄줄이 끌어내 법 앞에 세우고 스스로를 변론하게 하는 것이 치안 문건이다.

구걸하던 사람, 괜히 돌아다니던 사람, 억울한 사람, 남의 것을 훔친 사람, 음란한 짓으로 소동을 일으킨 사람 등등이 군중 속에서 끌려 나온다. 그들을 그렇게 끌어내는 것은 그들의 소란스러운 일상 사이로 뚫고 들어간 공권력이다. 그렇게 끌려 나온 사람들 중에는 지나가다가 잘못 걸린 사람도 있고, 법을 어겼다는 것을 자랑스러워하는 사람도 있고, 억울함을 호소할 기회를 얻기 위해 일부러 잡힌 것 같은 사람도 있다.[3] 그렇게 짤막하면서도 충격적인 삶의 작은 조각들이 각종 목록들과 문건들을 가득 채우고 있다. 그 순간의 삶을 설명하는 몇 마디의 말과 그 순간의 삶을 단번에 우리 앞에 끌어내는 폭력 사이에 간신히 낀 채로 존재하는 삶들이다. 하지

3   Arlette Farge & Michel Foucault, *Le Désordre des familles, les lettres de cachet des Archives de la Bastille*, Paris: Gallimard, 1982.

만 이런 삶이 재판에 회부될 때 드러나는 것은 사회의 어두운 이면이 아니라 도시 생활자의 낯익은 무대다. '유기 징역'이니 '폭동 혐의'니 '금고형'이니[4] 하는 더없이 간략한 판결문을 통해 드러나는 것도 바로 그런 세계, 질서와 무질서가 아직 대립 관계가 아닌 세계, 질서와 무질서가 종종 뒤섞이는 세계다.

아카이브가 사람의 모든 면모를 보여주는 경우는 거의 없다. 아카이브에 붙잡혀 있는 사람은 일상생활에서 잘려 나와 어떤 억울함을 호소하거나 어떤 혐의를 안타깝게 부인하는 모습으로 굳어져 있다. 혐의를 부인하는 경우는 물론이고 억울함을 호소하는 경우에도 핀에 꽂힌 채 날개를 파닥거리는 나비 같은 데가 있다. 진술은 어설프면서 소극적이고, 침착한 겉모습 뒤에 어린아이 같은 공포를 감추고 있다. 예외라면 교활한 궤변가들, 파렴치한 사기꾼들이다.

아카이브는 실재와 함께 진실을 가지고 논다. 아카이브의 용도는 이렇듯 진실함보다는 강력함을 좀더 간직하고 있다는 데 있다. 아카이브라는 그물에 걸린 배우들의 진실하기보다 강력한 대사가 드라마를 써내고 있다고 말할 수도 있다. 발뺌과 자백과 억지와 비탄이 서로 구분될 수 없게 뒤섞여 있

---

4   18세기에 존재했던 형벌의 명칭들. 여기에 형틀pilori, 그리고
     죄인을 원래의 거주 지역으로부터 쫓아내는 추방bannissement을
     추가할 수 있다.

는 만큼 이 작은 조각의 강력함을 피하기가 더 어려워진다. 진실이 아닐 수 있음에도 불구하고 실재를 간직하고 있는 이 강력함이 아카이브 작업자의 성찰을 불러일으킨다.

물론 진위가 확실한 내용을 다루는 아카이브 작업을 기획해볼 수도 있겠고 실제로 그런 작업이 많다. 그런 작업에서는 수감자 명단, 징역수 문건 같은 것을 연구 자료로 삼을 수 있다. 예컨대 특정 범죄를 저지른 사람들—도둑 또는 살인자, 밀수꾼 또는 영아 살해범—에 대한 연구는 따로 있어 마땅하다. 특정 범죄자들을 따로 연구하게 되면 그들에 대해 알 수 있을 뿐 아니라 그들에게 죄를 묻는 사회에 대해서도 알 수 있다. 위반은 규범에 대해서 많은 것을 말해주고 따돌림은 정치적 권력에 대해서 많은 것을 말해준다. 범죄의 각 유형은 사회의 한 측면을 반영한다.

하지만 아카이브 작업에서 이런 종류의 정보 신뢰도를 기준으로 삼는다면, 엄밀한 의미의 '진실한' 정보가 아닌 것들, 예컨대 진위를 확인할 수 없는 조서나 증언은 모두 무의미의 영역으로 밀려나게 된다. 하지만 신뢰할 수도 없고 진위를 확인할 수도 없는 조서나 증언 속의 진술이야말로 (그 내용이 빈약하다 해도) 한 사람의 운명을 좌우하는 진술이었다. 이런 진술이 있었다니, 이런 운명이 있었다니, 그럴 수 있었던 세계는 대체 어떤 세계였는가. 아카이브에서 작업자의 감정을, 나아가 작업자의 지성을 추동하는 것은 바로 이 질문이다.

한 번의 답변이 생사를 좌우하고, 답변이 성공하느냐 실패하느냐가 몇 개의 문장에 좌우되는 경우라면, 중요한 것은 진술된 사태가 정확히 이런 방식으로 일어났느냐가 아니라 사태를 이런 방식으로 진술하게 만든 세 요인(답변을 강요한 공권력, 답변의 진실성을 인정받고 싶은 진술자 본인의 바람, 답변의 화행)이 어떤 방식으로 결합되어 있느냐다. 이런 맥락에서 답변의 화행을 연구하는 작업자는 해당 답변이 당대의 문화적 표본을 차용한 답변인가 아닌가를 알아보는 것도 가능하다.[5]

각 답변이 18세기 정치 치안 체계의 일부이자 이 체계의 산물이라는 것을 작업자는 쉽게 확인할 수 있다(공권력이 그 답변을 끌어내지 않았다면 그 답변은 존재하지 않았을 것이다). 작업자는 답변의 표현이나 진술 방식을 통해서 우선 개인적, 집단적 행동과 공권력이 정한 제약들이 서로 얽혀 있다는 것을 확인할 수 있고(양자가 얽히는 방식은 적절할 수도 있고 아닐 수도 있다), 이어 진술자 본인과 사회집단과 공권력 사이의 관계가 어떻게 조율되었나를 확인할 수 있다(진술자의 취약한 답변은 기발할 수도 있고 아닐 수도 있다). 똑

---

5   Natalie Zemon Davis, *Pour sauver sa vie. Les récits de pardon au XVIe siècle*, Paris: Éditions du Seuil, 1988. 〔*Fiction in the Archives: Pardon Tales and Their Tellers in Sixteenth Century France* (1987)〕.

같은 질문에 무수한 답변이 있을 수 있지만, 진술자가 기존의 권력 구조와 당대의 사건 진술 관행 사이에서 자신의 취약한 답변을 은신처로 삼을 수밖에 없다는 점에서는 모든 답변이 마찬가지다. 치안의 세계를 통해서 역사와 마주친 이 잘나지도 못나지도 않은 삶들은 그렇게 답변을 피할 수 없게 된 상황에서 공포 또는 체념을 바탕으로 애매한 또는 명확한 답변을 짜낸다. 설마 하면서 사회 체제에 끌려 들어간 사람들의 답변이다.

공권력에 끌려 나온 이런 어중간한 답변들은 한편으로는 사회의 구성 요소 중 하나, 사회의 주요 속성 중 하나다. 하지만 이렇게 답변해야 한다는 것, 공권력을 상대로 진실 혹은 거짓을 진술함으로써 최대한 투옥을 피해야 한다는 것이 당사자에게는 자기의 운명을 좌우하는 사건이다. 진술 내용에 진실과 거짓, 증오와 술책, 굴복과 반항이 뒤섞여 있다고 해서 진술의 '진실'이 조금이라도 엷어지는 것은 아니다. 아카이브가 하는 말은 진실이 아닐지 몰라도, 아카이브에서 진실을 듣는 것은 가능하다. 미셸 푸코Michel Foucault도 그런 방식으로 아카이브에서 진실을 들은 사람이었다. 아카이브가 그런 방식, 곧 **타자의 말하기**를 드러내는 방식으로 말하고 있다고도 할 수 있다. 타자의 말은 공권력에 끌려 나오는 방식을 통해 공권력의 작동 방식을 가시화시킨다. 공권력에 끌려 나온 어수선한 말 속에서 가시화된 실재, 특정한 시대에 특정한 형상을 띠고 출현하는 실재가 모종의 의미를 산출하는 만큼, 작업자의 과제는 바로 그 특정한 형상을 해독해내는 것이다.

조서의 언어 이면에서 작업자는 진술자가 억압적 공권력과의 관계를 설정할 때 바탕으로 삼는 모종의 지형을 읽어낼 수 있다. 진술의 목적은 치안 당국을 상대로 자신의 삶을 사회집단의 삶에 연결해 보이는 것이고(성공적일 때도 있고 아닐 때도 있다), 진술의 전략은 지배 계급의 어휘를 차용함으로써 본인의 죄를 최대한 가볍게 만들어주거나 본인을 아예 무죄로 만들어줄 만한 이야기의 메아리가 되는 것이다(효과적일 때도 있고 아닐 때도 있다).

아카이브의 이면에서 전반적 지형을 읽어낼 수 있으려면 이렇듯 삶이 공권력과 충돌하는 지점에서 모종의 의미가 산출된다는 것을 간과해서는 안 된다. 여기서 작업자의 과제는 이렇게 어쩌다 일어난 충돌을 통해서 조명된 상황을 차근차근 체계화하면서 모순되는 것들, 동떨어진 것들을 탐지해내는 것이다. 아카이브의 실재는 흔적으로 남아 있기도 하지만 실재의 형상들을 배치하는 힘으로 작용하기도 한다. 아카이브는 실재와 언제나 무한히 다양한 방식으로 관련되어 있다.

이 복잡한 지형에는 삶의 표정들도 나타나 있지만—적어도 희미하게 어른거리지만—그 사이에 허구와 날조도 끼어 있다. 진술자가 사건을 신화화하거나 없는 이야기를 만들어내거나 본인의 삶을 토대로 픽션을 지어내는 것도 가능하지만, 작업자가 아카이브에서 이러한 변모의 양상을 알아차리는 것도 가능하다. 작업자가 한 진술에서 당대의 문화적 표본이 차용되었다는 것까지 알아차릴 수 있다면 그 진술의 의미는 한층 더 풍성해진다. 아카이브에서 진술과 허구는 촘촘하게 얽혀 있다. 아카이브를 쉽게 읽어내기 어려운 이유다.

아카이브의 촘촘한 결을 꼼꼼히 분석해내는 객관적인 연구도 있을 수 있다. 하지만 아무리 꼼꼼하더라도 분석되지 않는 차원, 이름 붙일 수 없는 차원, 객관적 연구로 다뤄질 수 없는 차원은 남게 마련이다. 객관적 연구를 수행하는 작업자는 아카이브에서 그러한 차원과 마주치게 되는 경우에도 그 차원을 다루는 것은 자기 역할이 아니라고 생각한다. 이렇듯 아카이브에서 객관적 분석의 그릇 밖으로 흘러넘치는 삶이 작업자의 가장 내밀한 부분을 건드린다. 아카이브에서 의미가 흘러넘치는 지점은 작업자가 경이로움이든 충격이든 어떤 감정적인 흔들림을 경험하는 지점이다. 작업자가 그 지점을 밝히지 않기도 하고, 그 지점이 작업자마다 다르기도 하다. 하지만 이러저러한 만남을 통해 그 지점에 다가가는 길을 찾기도 하고 그 지점을 의미화할 방법을 배우기도 하는 것은 모든 작업자가 마찬가지다. 내 경우에는 미셸 푸코와의 만남[6]이 그런 만남 중 하나였다. 진솔하면서도 얼떨떨한 만남이었다. 푸코는 필사자료와 아카이브를 사랑하는 사람이었고, 이

빈약한 텍스트가 얼마나 큰 충격을 안겨주는지를 표현할 줄 아는 사람이었다: "'육체적' 충격이라고 부를 수 있는 그런 충격 중 하나였던 것 같다. 애초에 충격이라는 것이 육체와 무관할 수 없겠지만."[7] 푸코의 아카이브 취향에 대해서는 별로 알려져 있지 않지만, 푸코는 아카이브에서의 감정적 경험을 통해서 분석의 한계를 알게 된 사람이었고, 감정이 역사가들에게 환영받지 못하리라는 것을 알면서도 감정이라는 터득의 형식을 다른 형식들과 똑같이 중시한 사람이었다. "고백건대 이렇게 두 세기 반의 침묵을 건너 갑자기 눈앞에 나타난 '소식들nouvelles'은 흔히 문학이라고 부르는 것들보다 내 몸 안의 세포들을 더 심하게 전율하게 했다. [⋯] 내가 이것들을 이용했다고 한다면 그 이유는 분명 이 삶들이 주는 전율, 자기를 강타한 문장들 속에서 재가 되어 남아 있는 이 먼지 같은 삶들이 느끼게 해주는 전율 때문일 것이다."[8]

  아카이브 취향의 작업자는 되찾은 과거의 문장 조각 하나하나에서 의미를 끌어내고자 한다. 이때 감정은 과거라는 바위, 침묵이라는 바위를 다듬는 끌이다.

6   (옮긴이) 푸코와 파르주가 공저한 *Le Désordre des familles*는 1982년에 나왔고, 푸코는 1984년에 세상을 떠났다. 이 책『아카이브 취향』은 1989년에 나왔다.

7   Michel Foucault, "La vie des hommes infâmes," *Cahiers de chemin*, no. 29, 15 janvier 1977, p. 13.

8   같은 곳.

여성이 있었다

아카이브에는 파리라는 도시, 파리의 사람들, 그리고 그들의 얼굴이 있고, 그중에는 여자들의 얼굴도 있다. 지금까지 여자들에 대해서 말하지 않은 것은 여자들에 대해서도 말하고 있다고 생각했기 때문이다. 아카이브는 일견 성 중립적 텍스트인 것 같지만, 조금만 눈여겨본다면 성 중립적 껍데기가 찢겨나가면서 성차별 양상이 생생하게 드러난다.

아카이브에서는 '여성'에 대한 이야기를 들을 수도 있고 여성의 이야기를 엿들을 수도 있다. 당장의 시급한 과제는 그 속에서 여성을 찾아내는 것이다. 이렇듯 수집가가 멸종한 동물이나 미지의 식물을 찾아내듯 여성을 찾아내는 작업, 화가가 초상화를 복원해내듯 여성의 윤곽을 잡는 작업, 여성의 흔적을 발굴해 유해처럼 전시하는 작업은 수집 단계의 유용한 작업이지만 그 자체로 완결된 작업은 아니다. 여성이 보이지 않았던 곳, 역사가 여성을 보려고 하지 않았던 곳에서 여성을 가시화하는 이런 작업은 이후의 작업, 곧 남녀의 역학 관계를 다루는 작업, 이 관계를 역사의 주제로 삼는 작업으로 이어져야 한다.

18세기 파리에서 여성의 노동하는 모습, 이주하는 모습, 또는 도시 생활 전반에 물 흐르듯 자연스럽게 참여하는 모습은 놀라울 정도로 선명하다. 건물 안에서든, 시장에서든, 축제에서든, 센 강 부두에서든, 여성의 모습을 찾기도 너무 쉽다. 여성도 남성과 마찬가지로 시골에서 이주해 온 경우가 많고(홀몸인 경우도 있고 딸린 가족이 있는 경우도 있다), 자기가 속하게 된 카르티에[9]를 길들이면서 파리에 정착하고자 애쓰는 것도 남성과 마찬가지다.

아카이브에서 조서와 공술을 읽는 작업자는 일거리와 거처를 찾아 나선 여성의 여정을 볼 수 있다. 길거리의 사고, 정육점 절도 사건, 마차가 뒤집힌 사건, 개에게 물리는 사고 등은 여성의 행동과 함께 여성을 둘러싼 사회관계(효율적 공조의 구성물인 것에 못지않게 혼란과 갈등으로 이루어진 구성물)가 펼쳐지는 무대다. 아카이브의 선명하고 풍요로운 파편들 속에서 작업자는 여성의 행태와 여성의 의상을 화석화시키는 경직된 '풍속화' 너머에서 이렇듯 살아 움직이는 여성의 윤곽을 볼 수 있다. 있는 그대로의 모습, 사회적·정치적 차원의 삶을 살아가면서 우여곡절을 겪는 모습이다.

물론 아카이브에서 가장 먼저 눈에 띄는 여성 관련 정보들은 결혼 약속, 농락당한 젊은 여자들, 고아 기록, 부부 싸움, 학적부archives scolaires 등 가장 전통적이라고 할 수 있는 것들을 통해서 유추되는 여성의 갈등들과 욕망들(그리고 시대의 폭력, 남성의 공격, 너무나 자명한 불행, 즐겁게 시작해서 후

---

9   (옮긴이) 이 책 p. 8, 주석 5 참조.

회로 끝나는 만남 등등 여성의 갈등이나 욕망에 영향을 미치는 요소들)이다. 하지만 아카이브는 여성 관련 정보들을 통해 여성이 어떤 상태에 처해 있는지를 생생하게 보여주는 데서 한 발 더 나아가 여성이 그런 상태에서 어떻게 행동하는지까지 보여준다. 아카이브 덕분에 작업자는 여성을 별도의 연구 대상으로 설정한 뒤 여성의 풍속을 진열, 전시하는 단계를 벗어나 당대의 사회적·정치적 환경을 벗어날 수 없는 여성이라는 존재가 그 환경 속에서 살아가는 특별한 방식, 곧 여성이 남성적 세계에 가담하는 특별한 방식에 주목하는 작업으로 넘어갈 수 있게 된다.

이렇듯 아카이브에서는 '여성사histoire des femmes'[10] 집필의 초기 단계에서 부담으로 작용했던 약점 하나를 극복할 수 있다(여성사라는 단어를 안 쓰기가 어려운 것 같다). 역사 연구에서 여성을 다루는 작업들이 나타나는 것은 불가피한 일이었지만, 그렇게 처음 나타난 여성 관련 작업들은 여성이 자기를 둘러싼 세계와 어떻게 상호작용하는가를 묻는 연구라기보다는 기존의 역사적 지식에 부록을 추가하는 연구인 듯

10   (옮긴이) 파르주는 *Histoire des femmes en Occident*(총 5권,
      책임편집자: Michelle Perrot & Georges Duby, Paris: Plon, 1990~92)
      중 제3권인 *Histoire des femmes en Occident: XVIe-XVIIIe siècle*(Paris:
      Plon, 1991)의 두 책임편집자 중 하나다. "서양여성사"라는 제목에
      걸맞게 프랑스어권, 영어권, 이탈리아어권 역사학자들의 공동
      작업이다.

했다.

　여성을 다루면서 묘사 과잉에 빠지는 작업, 이미 정리되어 있는 테제에 여성에 관한 챕터를 추가하는 방식의 작업은 역사란 여기가 아닌 다른 곳에서 이런 식이 아닌 다른 방식으로 만들어진다는 생각을 안겨주었을 뿐이다. 여성이라는 범주를 지식의 대상으로 삼는 작업, 여성의 조건을 설명하는 작업, 여성의 노동, 여성의 출산율, 여성의 질병, 여성의 고통을 묘사하는 작업이었을 뿐, 여성이 구체적 사건에 어떻게 관여했는지를 밝히는 작업이 아니었기 때문이다.

　18세기 형사사건 아카이브는 난투와 언쟁에 휘말린 여자들, 길거리에 나와 있거나 건물 안에 들어와 있는 여자들, 업장이나 상점에서 일하는 여자들이 등장하는 만큼 여성을 별개의 존재로 다루는 것과는 거리가 멀다. 그 덕분에 아카이브 작업자는 여성이 관여한 구체적 사건 속에서 여성의 존재를 식별함으로써 남성적 역할과 여성적 역할을 깊이 있게 성찰하는 것이 가능하다.

　코미세르 앞에 불려 나와 심문에 응하는 여성들은 일단 남성들과는 다른 방식으로 답변한다. 개인적 차원을 중시하는 사고방식에 따른 답변이라고 말할 수도 있다. 획일적 심문이 답변의 방향을 엄격하게 제한하고 있는 만큼 모든 답변에서 성별의 차이가 뚜렷하게 드러나는 것은 아니지만 여자들이 구두로 또는 문서로 남의 악행을 고발하거나 자신의 고

통을 호소하는 방식은 분명 남자들과는 전혀 다르다. 여자들
이 관습적으로 여자들의 표현 방식이라고 간주되는 한탄이
나 감정적 호소나 동정 구걸 등에 의지한다는 뜻은 아니다.
여성들은 나약함이라는 여성의 유명한 속성을 활용하기보다
는 오히려 과격하고 결연하게 언성을 높이는 방식을 선호한
다. 이때 여성들이 상대방을 납득시키기 위해서 사용하는 온
갖 잡다한 디테일들은 진술의 격식을 깨뜨리고 진술의 흐름
을 들쑥날쑥하게 만들지만 진술 내용 그 자체는 오히려 더 쉽
고 친숙하게 느껴진다. 이렇듯 그때그때 떠오르는 장면들을
짧게 나열하는 리드미컬하고 역동적인 여성의 진술들 속에
서 작업자는 여성들의 삶이 어떻게 사회에 통합되는지를 감
지하는 데서 한 발 더 나아가, 여성들 자신이 어떻게 온전한
사회적 역할을 수행하는지를 감지할 수 있다.

　　아카이브에 이런 진술들이 남아 있는 덕분에 작업자는
여성과 여성의 생활환경 사이에 존재하는 독특하면서도 효
율적인 공모 관계를 발견하게 된다. 여성들은 수많은 소문들
과 소식들을 이리저리 옮기면서 카르티에에 활기를 불어넣
는다.[11] 소문의 출처인 인물들이 어디 사는 누구인지도 항상
파악하고 있다. 업장이나 시장 등은 이렇듯 여성들의 이야기

11　　Rudolf Dekker, "Women in revolt: Popular protest and its social basis
　　　in Holland in the seventeenth and eighteenth centuries," *Theory and*
　　　Society, no. 16, 1987.

에 등장함으로써 왕래와 이동의 장소인 동시에 그렇게 왕래하고 이동하면서 이득과 행복을 뒤쫓는(그러면서 때로 손해와 불행을 만나기도 하는) 삶의 배경이 된다. 여성들이 가장 중요한 역할을 하는 곳은 직종에 따른 소속이라는 굳어진 틀너머에 존재하는 관계망과 이웃 망이다. 여성들이 전통적 공조를 작동시키기도 하고 갈등과 충돌을 조장한 뒤 훗날을 도모하기도 하는 곳이 바로 이곳이다.

아카이브에서 부스러짐이 비교적 덜한 대목—다시 말해 심문에 대한 답변이 짧은 이야기로 엮이는 대목—이나 작업자가 사건의 맥락을 잡아서 재구성할 수 있는 대목에서는 여성의 역할이 정리되면서 남녀 간 상호작용의 복잡한 양상이 선명하게 그려진다. 그런 대목에서 작업자는 아카이브 곳곳에 부스러져 있는 형상과는 다른, 무수한 무명씨들을 기반으로 빚어지는 입체적 형상의 여성을 확보하게 된다. 여성의 형상이 일단 그런 방식으로 빚어지면, 수많은 상투적 유형이 사라지면서 성역할이 예상을 뒤엎는 방식으로 구분되는가 하면 서로 모순되는 방식으로 조합되기도 한다.

평범한 여성들, 비슷비슷한 여성들, 예외적인 여성들이 여러 장면 속에서 가시화된다. 젖먹이 아이를 실어 가는 센강 부두를 떠나지 못하는 여자들이 있다. 아이를 지키기 위해서 위험을 불사한다는 점에서는 갓난아이를 성당 포석 위에 몰래 놓고 가는 여자들과 비슷하다.[12] 나중에 이 부두에서 아이를 실어 올 삯배를 기다리는 것도 이 여자들이다. (이 여자들을 이 부두에서 다시 보기까지 한두 해 이상의 시간이 걸리기도 한다. 필요한 경비를 마련하기가 쉽지 않기 때문이다.) 자기 아이라는 것을 한눈에 알아볼 수 있게 해주는 유일한 표시는 아기 옷에 실로 꿰매두었던 머리글자뿐이다.

집행관huissier과 코미세르가 법을 어긴 업장에 들어와 집기를 압수하려고 할 때도 여자들이 나타난다. 많은 경우 남편 없이 혼자 협상을 시도하면서 남편의 무죄를 단호하게 주장한다. 샹브르랑chambrelan[13]이 경찰에 발각되었을 때도 마찬가지다. 남편이 피신해 있는 동안 아내가 남편의 연장과 재산을 지키기 위해서 싸운다.

단단히 화가 난 여자들도 있다. 파리 근교의 한 마을에서 생긴 일이다. 집들이 산비탈을 따라 점점이 서 있는 마을로

---

12   (옮긴이) 다음을 참조. "파리는 이주자들로 들끓는 도시, 유동하는 도시, 일정한 일터나 거처를 얻지 못한 인구가 대세인 도시, 요컨대 유난히 불안정한 도시다. […] 파리에서 혼자가 된 사람들은 새로운 짝을 만난다. 생활환경을 개선하고자 내연 관계를 맺기도 한다. 영아 유기 비율은 충격적이다. […] 아이를 먼 시골에서 위탁 양육하는 것은 선택이 아니라 필수다. 매년 태어나는 신생아 2만 1천 명 중 2만 명이 짐수레에 실려 열악하고 위험한 여행을 떠났다. 수레꾼에게 삯을 치르는 것은 유모였고, 아이의 부모는 유모를 전혀 감독할 수 없었다"(Farge, *Histoire de la vie privée*, tom. III, p. 581).

13   직인 조합에 속하지 않고 집에서 따로 일하는 직공을 가리킨다. 이런 방식의 생업 활동은 중한 처벌을 받을 수도 있는 범죄였다.

징세원들이 말을 타고 쳐들어온다. 체납된 세금을 걷으러 왔
는데 놀랍게도 어느 집 굴뚝에서도 연기가 나지 않는다. 마을
전체가 죽은 척하고 있다. 모든 집이 텅텅 비어 있다. 징세원
일행이 왔던 길로 돌아갈 때, 아래쪽 비탈에서 기척이 느껴진
다. 여자들과 아이들이 보호색으로 몸을 숨긴 곤충들처럼 아
무 소리 없이 꼼짝하지 않고 한데 모여 있다. 징세원 일행이
멀리서 부르자 여자들은 남자들이 없으니까 그냥 돌아가 달
라고 소리친다. 쇠스랑으로 무장한 여자들은 우는 소리 한 번
내지 않는 아이들을 뒤에 둔 채 징세원 일행을 위협하듯 따라
간다. 인기척을 느낀 징세원 일행은 세 번, 네 번 뒤돌아보면
서 서둘러 떠난다. 길이 나지 않은 위쪽 비탈 숲에 숨어 있던
남자들은 밤이 깊은 후에야 여자들에게 불려 내려온다.[14]

이렇듯 본인의 힘을 알고 있는 여성이 본인의 안위를 위
해서 또는 가정을 위해서 그 힘을 이용해 여성에게 기대되는
역할들을 연출하는 때가 있다. 그럴 때의 여성은 진지하고 확
고하고 정치 감각이 있다. 반면에 여성이 비교적 사적인 상황
에서 농락의 대상이 되는 모습으로 가시화되는 경우도 있다.
폭력과 예속에 시달리는 것은 실제로 여성의 일상을 구성하
는 측면들이다. 여자가 의존적이기보다는 자율적이라는 논
의를 펼치고 싶다는 것이 최근의 이데올로기적 욕심이지만,

14   AN, AD III 7, 16 octobre 1749, 생-아르노Saint-Arnoult(보베
      élection의 관할지) 자료. 〔élection : 왕정 시대의 조세 재판소.〕

그렇다고 해서 이런 측면들을 은폐해서는 안 된다. 당대의 남자들이 여자에 대해서 하는 말이나 생각은 뒤틀려 있었고, 당대의 대중문학은 극히 여성혐오적인 과격한 묘사를 아끼지 않았다.[15] 아카이브에 보관되어 있는 목격자들과 용의자들의 여러 진술에서도 여성은 불행의 얼굴, 파괴의 얼굴, 무시무시한 죽음의 얼굴을 하고 있다. 아카이브는 단순한 곳이 아닌 만큼, 작업자는 아카이브를 서로 모순되는 여러 방식으로 읽게 된다. 예컨대 아카이브에서 상호 만회 체계들이 작동하는 모습을 엿볼 수도 있고, 모종의 양가적 입장이 확정되는 모습을 엿볼 수도 있고, 남녀 갈등의 사회적 기능이 폭로되는 모습을 엿볼 수도 있다. 이런 작업 안에 어떤 '실재'가 존재한다면, 그것은 작업이 이렇듯 다원적으로 행해진다는 사실 그 자체에 존재한다. 여성의 계산된 행동은 다른 행동(여기서는 남성의 행동)과 어떻게 타협하거나 타협하지 않는지, 여성은 행동에 나설 때 어떤 방식으로 권력을 점유하고자 하는지 등등이 무질서해 보이지만 실제로 무질서하지는 않은 이 끈기 있는 다원적 작업을 통해서 밝혀진다.

공식적 의미의 정치는 여성의 무대가 아닌 것 같지만, 18

15   청색 문고Bibliothèque bleue에 속하는 책들은 무수히 많은 여성혐오를 포함하고 있다. Arlette Farge, *Le Miroir des femmes, textes de la Bibliothèque bleue*, Paris: Éditions Montalba, 1982 참조. 〔청색 문고: 17세기 초에 출현한 이른바 대중문학의 초기 형태.〕

세기 아카이브의 여성들은 놀랍게도 정치에서 발을 뺐던 적이 없다. 모든 크고 작은 민중 봉기에서 여성들은 현장에 있었던 것은 물론이고 투쟁에 적극 참여했다. 남성을 상대로 봉기를 사주하기도 했고 직접 몽둥이나 지팡이를 들고 경찰과 군인에 거칠게 맞서기도 했다. 남성들은 전혀 놀라지 않았다. 여성을 앞장세우거나 높은 창문에서 소리 지르라고 부추기는 경우도 있었다. 여성이 강하다는 것과 함께 치안 당국이 여성들을 처벌하지 않거나 처벌하더라도 약하게 처벌한다는 것을 알고 있기 때문이었다. 아카이브에는 잔혹한 여성들도 있다. 남성 기록자들이 이런 병적 디테일을 끝도 없이 늘어놓는 것은 본인의 것으로 인정하고 싶지 않은 폭력성을 여성에게 덮어씌우기 위함일 수도 있다.[16] 하지만 여성이 이러저러하게 잔혹하고 야만적이라는 줄기찬 주장을 뒷받침하는 듯한 수많은 증언이 존재하는 만큼 이런 증거 자료들에 대한 심층적 연구가 필요할 때도 있다. 예컨대 여성의 폭력이 다른 종류의 폭력(남성의 폭력, 그리고 모범으로 여겨졌을 가능성이 있는 문학적 폭력)과 어떻게 관련되는지를 분석해야 할 때도 있고,[17] 여성의 폭력이 언제나 비난의 대상이 되는 것을

16   Arlette Farge, "Les femmes, la violence et le sang au XVIIIe siècles," *Mentalités*, no. 1, septembre 1988.

17   Natalie Zemon Davis, *Les Cultures du peuple. Rituels, savoirs et résistances au XVIe siècles,* Paris: Aubier, 1979. 〔*Society and culture in early modern France: Eight essays*(1975).〕

염두에 두면서 여성의 폭력과 사회·정치 체계 전반과의 관련성을 고려해야 할 때도 있고, 거기서 더 나아가서 새 생명을 태어나게 하는 여성에게 폭력성과 죽음 충동이 존재하는 것은 어떤 결핍·만회 메커니즘 때문인가를 고찰해야 할 때도 있다. 작업자는 몇 가지 가설을 세워볼 수 있다. 첫째, 여성들이 악착같이 폭동에 참여한다는 것은 확인된 사실이라고 가정해볼 수 있다. 둘째, 여성들은 평소 자기가 속한 카르티에에서 능동적으로 활동하면서 소문과 소식을 전하는 일에도 빠른 만큼, 평소의 역할을 크게 저해하지 않으면서 폭동을 사주하는 것이 가능하다고 가정해볼 수 있다. 셋째, 여성들이 피에 흥분한다는 주장은 일단 남성들의 여성혐오에서 비롯된 주장이라고 가정해볼 수 있다. 그럴 경우 여성들이 피에 흥분한다는 주장과 월경의 피가 불결하고 쓸모없는 피라는 주장의 관련성을 찾아보아야 하지 않을까? 여성의 피는 주기적으로 불결해지면서 쓸모없이 흘러나온다는 주장은(월경이 출산에서 정확히 어떤 역할을 하는지를 아직은 전혀 알지 못하는 시대였다), 여성은 싸울 때 상대가 피를 흘리면서 쓰러지는 모습에서 대단히 만족스러운 절대적 일탈을 맛본다는 주장과 통하지 않을까?

작업자에게는 대답해야 하는 질문이 있다. 어려운 질문일 때도 있고 잘못 만들어진 질문일 때도 있지만, 어쨌든 대답을 시작하려면 아카이브라는 거대한 수수께끼를 통과해야 한다. 물론 아카이브에서 결정적인 대답을 찾을 수는 없다. 작업자는 아카이브에서 보고 들은 말과 행동의 디테일들을 가지고 의미 성좌를 만들어내지만, 같은 사건을 다루는 다른 자료, 또는 아예 다른 사건을 다루는 자료에서는 다른 디테일들이 애초의 디테일들을 심문하면서 다른 의미 성좌를 만들어내기 때문이다.

아카이브는 담론에 가려져 있던 것들을 엿볼 수 있는 곳, 규범적인 행동이나 정형화된 행동이 파기되면서 다양한 행동들, 의외의 행동들, 그야말로 틀을 벗어나는 행동들이 출현하는 곳인 만큼, 아카이브 작업자는 지배와 억압이라는 너무나 익숙한 개념으로부터 거리를 둘 수 있게 된다. 하지만 페미니즘을 잊은 '건망증 환자l'oublieux'[18]가 복을 누리기에는 아직 이르다. 아카이브 그 자체가 담론의 틀을 역전시켜주는 것은 아닌 까닭이다. 작업자가 아카이브에서 노동자 여성들, 의지에 따라서 행동하는 여성들, 정치적으로 활약하는 여성들을 보았다고 하더라도, 남녀 관련 논의를 속 시원히 결론지을 만한 자유와 해방의 계기들이 아카이브 안에 존재한다고는 할 수 없다. 아카이브는 동일자le même, 타자l'autre, 그리고

---

18   (옮긴이) 다음을 참조. "건망증 환자는 복이 있다. 자기가 저지른 바보짓을 잊지 못하고 괴로워하는 일은 없을 테니까"(Friedrich Nietzsche, *Jenseits von Gut und Böse: Vorspiel einer Philosophie der Zukunft*〔선악의 저편〕, 1885, 7:217).

양자의 차이le distinct를 끊임없이 출현시키면서 당면 문제를 복잡하게 만들고 대립 관계를 명확하게 만들 따름이다. 바로 이런 아카이브에서 작업자는 여성의 실질적 권력을 박탈하면서 여성에게 경제적 책임뿐 아니라 정치적 책임까지 부과하는 18세기라는 이 역설적 세기를 일관성 있게 성찰할 책임을 안게 된다. 작업자가 그 책임을 완수할 수 있게 여성의 갖가지 사실들(결단, 저항, 폭력, 농락 등등)과 여성을 다루는 의학과 철학 담론들(당대에 여성을 문제점problème이자 논점 problématique으로 만든 담론들)을 교차시킬 가능성을 제공하는 것도 바로 이런 아카이브다.

이러저러한 담론들과는 달리 아카이브 자료들은 이미 만들어져 있는 이미지들을 깨뜨림으로써 성차별에 관한 성찰에 깊이와 밀도를 더해줄 수 있다. 예컨대 계몽주의 시대의 이성 논쟁을 생각해보자. 논쟁 담론들은 여성도 자기에게 필요한 판단 양식들을 합리적으로 습득하며 자기를 둘러싼 사회적 관계에 자연스럽게 개입한다는 사실을 외면하면서 여성에게 이성이 부족하다고 주장하는 반면, 논쟁 자료들은 그런 주장의 바탕이 되는 남녀 간의 엄청난 권력차를 증명한다('프랑스 혁명'은 여성들을 정치권력으로부터 배제하는 방식으로 이 문제를 해결하게 된다는 것은 다들 아는 바와 같다).

말과 행동이 역동하는 아카이브는 담론의 오류를 폭로하는 디테일을 부각시키고 순차성과 실증성에의 희망을 깨뜨림으로써 규범을 어그러뜨리고 영구불변이었던 의미를 바꾸어놓는다. 단순하다고 여겨졌던 것을 혼란스럽게 만들기도 한다. 여성사의 입장에서 아카이브의 이런 역동은 남녀 갈등의 무수한 상호 모순적 양상들에 밀도를 더해줄 수 있다는 점에서 횡재aubaine다. 해방과 만회를 건 미묘한 내기가 수시로 성사되었다가 파기되었다가 하는 것이 사실이라 하더라도 남녀의 차이를 과연 불평등 이외의 맥락에서 의미 있게 논의할 수 있겠는가? 과거와 현재에 동시에 던져지는 이 중요한 질문에 양분을 제공하는 것도 아카이브의 이런 역동이다.

충돌

형사사건 아카이브는 불규칙적으로 요동하는 영역, 정념에 물들어 있고 무질서에 빠져 있는 영역이다. 작업자가 아카이브에서 보게 되는 파리라는 도시와 파리의 사람들, 그중에서 특히 여자들은 그물에 걸린 물고기처럼 격앙된 표정을 하고 있다. 아카이브의 그물로 인해 불가피하게 왜곡된 표정이다. 진술과 공권력 사이의 불가피한 관련성에 대해서는 앞서 설명하기도 했지만, 법정 자료가 원천적으로 편파적일 수밖에 없다는 것은 이미 오래전부터 제기되어온 문제다. 그렇다면 오늘날의 작업자가 이 문제와 관련해서 확고한 공세적 입장,

곧 적대하고 불화하는 관계도 엄연한 사회관계라는 입장을 배제해야 할 이유는 없지 않겠는가? 적대와 불화를 함부로 배제하는 풍조가 만연해 있는 듯한 오늘날일수록 공세적 입장을 더욱 고수해야 하지 않겠는가? 정신 구조의 역사, 곧 일상생활과 감정 구조에 주목하는 역사가 융성하고부터 역사학이라는 분과학문은 사생활과 관련해서 그때껏 등한시되었던 테마들(주거, 의복, 음식, 섹슈얼리티, 출산과 육아)을 열정적으로 전개해나갈 수 있었다. 이런 테마들이 강도 높게 전개된 배경에는 연구의 체계와 이념이 연구 그 자체를 짓누르는 형태였던 과거 연구들이 인류학의 약진 앞에 허물어졌다는 정황도 있었다. 예컨대 계량적 연구가 지배적이었던 곳에서 개별적, 내면적 차원이 자유롭게 고려되기 시작했고, 역사가는 마르크스주의적 작업의 답답한 해석 틀을 빠져나와 문화적 습성들, 곧 주어진 삶을 살아가고 새로운 삶을 만들어가는 구체적 방법들이라는 아직 개간되지 않은 연구 영역으로 옮겨 갈 수 있었다. 하지만 그러는 사이에 새로운 연구 방향의 성격이 서서히 변했다. 행동 습성, 관행, 감수성을 연구 대상으로 삼는 역사가가 마르크스주의에서 벗어나는 데만 골몰하다가 자기도 모르는 사이에 충돌과 갈등의 세계(투쟁과 권력관계의 세계, 행동 습성, 관행, 감수성의 바탕이 되는 세계)를 연구 영역에서 배제하게 되는 경우도 많았다. 역사가가 계급적 차이를 서술하지 않는다는 의미에서가 아니라 계급적 차이를 논의의 동력으로 삼지 않는다는 의미에서의 배제였다. 역사적 대상을 마치 가위로 오려낸 것처럼 바탕과 무관하게 논의하는 작업들이 이러한 배제를 서서히 심화시켜오지 않았는가?

이렇듯 테마별로 세분화된 정신 구조의 역사는 엘리트 문화와 대중문화 간의 강한 관련성을 복원하는 데 점점 더 어려움을 겪게 되었고, 결국은 신新개념사라고 통칭되는 비교적 고전적인 형태의 사건사histoire événementielle에 자리를 내주기에 이르렀다. 예컨대 양 문화가 어떤 과정을 통해 지금의 형태로 분할되었는가. 이 분할의 편성 문제를 다시 제기해야할 때가 되지 않았는가를 자문하는 사람들은 이제 거의 없다. 한때 지성계를 풍미했던 대중문화 관련 논의는 어느새 '문화의 분할'과 관련된 암묵적 합의에 자리를 내주고 말았다. 이러한 분할과 관련해서 지적되는 것은 기껏해야 불공평하게 분할되는 경우가 많다는 점, 분할을 주도한 집단이 타자를 존중한 경우는 거의 없다는 점, 그러니 여기서도 타 집단을 지배하고자 하는 욕망을 엿볼 수 있다는 점 정도다.

형사사건 아카이브의 한복판에 버티고 있는 불화와 적대를 이용한다면 어긋난 관절들, 벌어진 틈새들로부터 일종의 문법을 창조할 수 있다. 형사사건 아카이브에서 존재가 어떻게 날조당하고 부정당하고 훼손당하는가를 읽어내는 데 필요한 문법이다. 인간의 역사와 계급 관계, 적대 관계의 역사를 구분하기는 거의 불가능하다. 어떤 경우에는 어느 한 계급을 하나의 계급으로 존재하게 해주는 것은 투쟁했다는 사실 그 자체라고 말할 수도 있다. 계급 간의 적대, 남성과 여성의 적대, 대중과 엘리트의 적대가 역사의 흐름이 바뀌는 순간을 만들어냈다고 말할 수도 있다(그 양상들을 규명하는 것이 작업자의 과제겠다). 권력관계에 주목하는 역사는 고통과 농락, 착각과 소망을 감안할 수 있는 역사라는 것은 두말할 필요도 없다. 역사는 책임질 줄 알아야 한다. 감정적 차원을 계산할 줄 알아야 하고 비언어적 차원을 언어화할 줄 알아야 한다. 충돌은 역사가 생기는 장소다. 충돌한 뒤에 생겨난 것은 충돌하기 전에 있었던 것과는 완전히 다르다. 충돌은 '다른 곳ailleurs'[19]에 길을 내고 새로운 '상태état'[20]를 창조하는 상처다. 그저 의례적인 충돌이 아니냐고 할 정도로 사소하고 하찮은 충돌이라고 해도 마찬가지다. 역사가의 과제는 충돌이 나오는 이야기를 만들어내는 것을 넘어 충돌을 성찰의 동력으로 삼는 것, 나아가 충돌이 동력이 되는 역사를 써내는 것이다.

아카이브는 이렇듯 대대적인 사회적 움직임(파업이나

---

19   (옮긴이) 다른 곳이라는 뜻과 함께 다른 나라라는 뜻이 있음을 이용한 말놀이.

20   (옮긴이) 상태라는 뜻과 함께 국가라는 뜻이 있음을 이용한 말놀이.

봉기 같은 사건들, 또는 구걸이나 범죄 같은 현상들)의 크기와 범위를 느끼게 해주는 경우도 있지만, 마치 현미경처럼 역사적 대상들 중에서 아주 작은 것들(개인적 감정의 움직임)을 들여다보게 해주는 경우도 있다. 아카이브의 글자들 안에 보관되어 있는 실재의 드라마에서 고발, 항의, 증오, 질투가 차지하는 비중은 사랑과 슬픔이 차지하는 비중과 거의 비슷한 만큼, 작업자는 인간의 이 그늘진 측면, 파괴와 죽음에 끌리는 이 충동을 절대로 도외시해서는 안 된다. '인간의 비사회적 사회관계'[21]라고 할 수 있는 이 측면, 남을 지배하고 착취하고 싶은, 계략과 거짓에 끌리는 이 충동은 더 해방되고 싶은, 더 조화를 이루고 싶은 충동과 치열하게 싸우고 있다. "인간의 비극은 존재가 자기의 살과 근본적으로 불화한다는 데 있다. 역사를 쓰는 일은 곧 이 불화의 확인 조서를 작성하는 일이다."[22] 용서할 수 없는 일과 용서해야 하는 일 사이에서 왔다 갔다 하는 아카이브의 언어를 읽어나가면서 낮은 사람들의 삶에 귀를 기울이는 작업자는, 그때껏 들을 수 없었

---

21   (옮긴이) 칸트Immanuel Kant는 『세계시민의 관점에서 본 보편적인 역사에 대한 생각Idee zu einer allgemeinen Geschichte in weltbürgerlicher Absicht』(1784)에서 사람들 사이의 근원적 '적대 관계Antagonism'를 '인간의 비사회적 사회관계ungesellige Geselligkeit des Menschen'라고 표현했다.

22   Claude Mettra, "Le ventre et son royaume," L'Arc, no. 52, Michelet, p. 38 참조.

던―경우에 따라서는 차마 듣고 싶지 않았던―소리를 들을 수 있게 되기도 하고, 행복을 추구하고 존엄을 쟁취하는 집요한 선율과 문득 마주치기도 한다.

아카이브 취향은 이런 마주침 속에서 만들어진다. 아스라하거나 선명한 실루엣들과의 마주침, 언어의 조명을 받는 일이 거의 없는 매력적 그림자들과의 마주침, 적대하면서 동시에 적대당하는 존재들과의 마주침, 자기 자신이라는 감옥에 갇혀 있는 동시에 자기 시대라는 폭력에 훼손당하는 사람들과의 마주침이다.

필사자료 열람실에 왔더니 패스를 보여 달라고 한다

필사자료 열람실에 왔더니 패스를 보여 달라고 한다. 없다고 했더니 밖에 있는 일반 열람실에서 일일패스를 만들어 오라고 한다. 일반 열람실로 갔더니 신분증을 보여 달라고 한다. 일일패스를 받아들고 필사자료 열람실로 돌아와 관리자에게 제출한 뒤 좌석표를 받게 되기를 기다린다. 관리자가 고개를 들기만을 한참 기다리다가 결국 아주 작은 목소리로 어디에 앉으면 되냐고 묻는다. 고문헌 열람용 자리인 첫 열만 아니면 아무 데나 앉아도 된다는 짜증 섞인 지시를 받는다. 원하는 곳에 자리를 잡고 가방을 내려놓고 종이를 꺼낸 뒤 자리에 앉는다. 바로 그때 관리자가 큰 소리로 도로 나오라고 한다. 열람실 안의 모든 머리가 한꺼번에 쳐들린다. 관리자 앞으로 돌아왔더니 책상 번호를 알려 달라고 한다. 자리로 돌아가 책상 번호가 붙어 있는 곳을 찾느라 잠시 지체한다. 관리자 앞으로 돌아와 책상 번호를 알려주었더니 책상 번호와 같은 번호가 쓰여 있는 분홍색 플라스틱 칩을 내준다. 드디어 자리로 돌아와 앉는다. 필요한 자료의 청구번호는 알고 있지만, 자료를 열람하려면 회색 옷을 입은 필사자료 담당자에게 말하면 되는 것이 아니라 흰색 열람 신청서를 작성해야 한다는 것을 새로 알게 된다. 신청서가 어디에 비치되어 있는지는 알 수 없고, 관련 안내문도 보이지 않는다. 조용히 둘러보면서 기억을 더듬어본다. 두번째로 신분증을 보여 달라고 했던 일반 열람실에 작은 녹색 플라스틱 통이 있었고 그 안에 종이가 있었다. 다시 일반 열람실로 가서 열람 신청용 *NCR*지를 가지고 자리로 돌아와 펜을 꺼내 들고 청구번호를 적는다. 이 종이를 어딘가에 제출해야 하리라는 생각으로 또 한 번 일반 열람실의 플라스틱 통 근처를 두리번거리다가 이 종이를 담당하는 창구가 따로 있다는 것을 알게 된다. 이 종이를 담당할 것 같은 창구로 가본다. 창구를 지키는 남자도 회색 옷을 입고 있다. 창구는 맞는데, 회색 옷을 입은 남자가 분홍색 플라스틱 칩을 보여 달라고 한다. 다시 필사자료 열람실 자리로 돌아가는 길이 약간 힘겹지만, 종이 위에 분홍색 플라스틱 칩이 놓여 있는 책상을 발견하는 데는 긴 시간이 걸리지 않는다. 창구로 돌아와 두 장짜리 하얀색 종이와 분홍색 플라스틱을 회색 남자에게 모두 건네주었더니, 같은 숫자가 적힌 쨍한 파란색 칩을 쥐어준다. 필사자료 열람실 자리로 돌아와 앉아는 있는데 머릿속에는 한 가지 생각뿐이다. 여기서 탈출하려면 이때껏 지나온 미로를 똑같이 반대 방향으로 되짚어 나가는 수밖에 없을까? 아니면 입구에서 여기까지와 여기서 출구까지는 전혀 다른 미궁일까? 등줄기를 찌릿하게 하는 짧은 오한 덕분에 지금 여기 앉아 있는 것이 필사자료를 읽기 위해서였다는 사실을 겨우 떠올릴 수 있게 된다.

⚜

걸을 때 구식 하이힐로 바닥을 내리찍으면서 자꾸만 마룻바닥의 벌어진 틈새에 뒤축을 박는 여자. 아무래도 일부러 그러는 것 같다. 아니면 왜 허구한 날 개실 시간부터 자기 책상에서 대형 백과사전 열람대까지 다섯 번도 넘게 쓸데없이 왕복하겠는가? 이 아침에 한자리에 진득하게 앉아 있는 것이 그렇게 어려운 일인가?

얼마나 더 기다려야 카펫이 깔려서 소음이 좀 없어질까? 색이 흉하고 질이 나빠도 카펫이기만 하면 다들 한숨 돌릴 텐데.

왼손에 낀 슈발리에 반지를 계속 만지작거리는 남자. 금속이 손톱에 긁히는 규칙적 괴음 탓에 이가 시큰거릴 지경이다. 이 소리에 대면 큰길에서 들려오는 자동차 경적 소리가 오히려 반가울 정도다.

하지만 정도가 더 심한 것은 저 젊은 여자다. 한 달째 날마다 똑같은 자리에 앉아서 어느 철학자의 열다섯 권짜리 전집을 아주 빠른 속도로 한 장 한 장 넘기는 중이다. 속도는 거기서 더 빨라지지도 않고 더 늦어지지도 않는데, 책장이 넘어갈 때마다 귀가 찢어질 것 같고 숨이 턱 막히는 것 같다. 저 전

65

집의 책장이 다 넘어가려면 아직 멀었는데…

항상 옆자리에 앉는 반백의 남자가 오늘은 감기에 걸렸다. 오늘도 수수께끼 같은 필사자료를 펼쳐놓고 철학자의 돌을 찾아 헤매면서 아주 조용하게, 아주 정성스럽게 콧물을 들이마시는 것이 이번으로 열번째다. 친절한 것으로 유명하기도 하지만, 이런 식으로 남을 배려하는 것으로도 유명한 남자. 콧물 들이마시기가 계속되리라는 것은 거의 확실하다. 옆 사람의 눈은 자기도 모르게 이 남자의 손을 자꾸 훔쳐보게 된다. 이 손이든 저 손이든 슬쩍 주머니로 들어가서 코 풀 손수건을 꺼낸다면 인생이 조금은 편해지겠는데.

갑자기 시작되어 좀처럼 멎지 않는 관리자의 거친 기침 소리가 온 열람실에 울려 퍼지면서 관리자 본인의 심기를 건드리게 되면 인생은 물론 다시 힘들어진다. 그때부터 관리자는 전깃불이 필사자료의 안전한 보관에 위협이 된다고 생각하기 시작한다. 곧 열람실이 컴컴해진다.

필사자료 열람실의 정적은 학교 운동장의 가장 시끄러운 소음보다 가혹하다. 성당의 고요를 닮은 이 정적은 육체에서 나는 소리들을 가위로 오려낸 듯 인정사정없이 강조하면서 저속하다는 느낌과 함께 심한 병에 걸린 것만 같은 불안감을 안겨준다. 숨이 조금만 거칠어지면 고통스럽게 헐떡거리고 있는 것 같은 느낌이 들고, 아주 작은 습관, 예컨대 골똘한 생각에 빠졌을 때 코를 문지르는 습관 같은 것도 여기서는 당장

정신병원에 실려 가야 할 정도로 심각한 틱 증상으로 느껴진다. 이렇게 폐쇄적인 곳에 앉아 있다 보면 모든 것이 터무니없이 거대해진다. 언제나 똑같은 옆자리의 작업자가 어떨 때는 랭스의 웃는 천사[1]처럼 느껴지고 어떨 때는 *14 전쟁guerre de 14[2]*의 탱크처럼 느껴진다. 여기서 수년째 입가의 미소를 잃지 않는 작업자도 없지는 않지만, 유쾌함과 친절함을 담은 그 작은 표정이 비웃는 것처럼 느껴지는 날도 올 수 있다. 아무리 인내심이 강한 사람이라 해도 그런 날이 오면 그 웃음을 사라지게 만들 은밀한 방법을 절박하게 궁리할 수밖에 없다. 이런 곳에 오래 있다 보면, 아주 작은 생소함(예컨대 새로 온 미국인 작업자가 책상 위에 여봐란듯 올려놓은 물컵), 아주 작은 특이함, 다른 곳에서는 전혀 중요하지 않게 느껴졌을 아주 작은 동작(보기 흉하게 붉은 머리카락 한 가닥을 신경질적으로 비비 꼬기)이 너무나도 거대하고 중요하게 느껴지고, 급기야는 열람실이 판타지의 무대처럼 느껴진다. 열람실 작업자들은 어떤 인종학으로도 설명될 수 없는 이국적 개체들 아니면 한 사람의 관찰자를 괴롭히기 위해 모여 있는 미치광이들처럼 느껴진다.

　이 참혹한 광경을 관찰하고 있는 이 사람도 자기 구두끈이 풀려 있는 것을 알고 있고, 지금 옆자리의 작업자가 그 구

1　　(옮긴이) 랭스 대성당의 유명한 조각상을 가리킨다.
2　　(옮긴이) 1914년에 발발한 제1차 세계대전을 가리킨다.

두끈을 독사라고 생각할 정도로 정신이 혼미해진 상태라는 것도 알고 있다. 다른 작업자를 적대시하는 것은 아니지만, 모든 작업자에게는 신경이 쓰이는 데가 있게 마련이다. 외모 중에 신경이 쓰이는 부분이 전혀 없을 경우에는 무슨 자료를 읽는지에까지 신경이 쓰인다. 그런 자료로 무슨 작업을 하는지 궁금해서 미칠 것만 같다. 필사자료 열람실의 정적을 만들어내는 것은 작업자들의 시선, 초점 없이 두리번거리거나 멍하니 한곳을 쳐다보는 그 시선이다. 이렇게 휴식을 취하는 시선을 피할 수 있는 작업자는 없다. 작업에 깊이 파묻혀 얼굴이 잘 보이지 않는 작업자도 예외가 아니다. 줄줄이 놓인 긴 책상에 나란히 앉아 있는 작업자들, 등을 수그리는 것과 함께 오른손잡이는 오른쪽 팔꿈치, 왼손잡이는 왼쪽 팔꿈치를 움직이는 것밖에 할 수 없는 작업자들에게는 달리 휴식을 취할 방법이 없다. 아무 생각 없이 쳐들린 시선은 모르는 얼굴에 꽂히기도 하고 누군가의 광대뼈나 흘러내린 곱슬머리 한 가닥에서 떠나지 못하기도 한다. 그렇게 한곳에 머무는 시선 탓에 상대의 고개가 쳐들릴 때도 많다. 그렇게 시선이 진중하게 마주치면, 공연한 시선이었지만 금방 엇갈리지는 않는다. 급히 시선을 돌리는 쪽은 반응을 보인 것이고, 끝까지 피하지 않는 쪽이 내기에 이긴 것이다.

  필사자료 열람실. 아주 낮은 속삭임이 정적의 수면에 잔물결을 일으키는 이곳에서 시선이 떨구어지고 역사가 새로

쓰인다. 확실하게 설명될 수 있는 것들과 그럴 수 없는 것들이 매우 까다로운 매뉴얼로 의례화되어 있는 이곳에서 언제나 아직도 초보 이용자인 작업자를 위한 표지판이 되어주는 것은 칩들의 색깔, 사서들의 엄숙함, 필사자료들의 냄새다. 필사자료는 그 언제나 그로테스크한 매뉴얼 너머에 있다. 작업은 그곳에서 시작된다.

수집 단계

이런 작업 방식이 나이브하고 구시대적이라고 생각하는 사람들도 있을 수 있다. 아카이브와의 관계, 아카이브로부터 출현하는 사람들과의 관계를 설정함으로써 이야기récit를 구축하는 이런 감정적 작업 방식은 비교적 전통적—확실히 보수적—이면서 일상 묘사에 대한 애착이 덜한 오늘날의 학문 사조와는 맞지 않는 한물간 경향의 유물로 보일 수도 있다. 오감의 활약, 죽은 존재들과의 대화, 역사가 망각한 무명씨들에 대한 성찰 등등 아카이브의 매력에 대한 이야기는 이미 다른 사람들[1]이 거의 혹은 전부 해버렸다. 현시점의 역사가가 과거를 아카이브에서 알아나가겠다고 하면 비웃음을 사기 십상이고, 기껏해야 역사 편찬historiographie을 성찰하는 일부 지식인들의 역사 이론에서 과거의 유물로 등장하는 것이 고작이다.

그렇다고 해서 아카이브의 매력이 사라졌냐 하면 그렇지는 않다. 아카이브 취향을 한때의 유행과 혼동해서는 안 된

---

1   예컨대 필리프 아리에스Philippe Ariès, 미셸 푸코, 자크 랑시에르 Jacques Rancière, 로베르 망드루Robert Mandrou, 미셸 드 세르토Michel de Certeau 등.

다. 아카이브에 대한 사랑의 바탕에는 아카이브가 사람들의 말을 엿들을 수 있는 곳이라는 믿음이 있다. 아카이브에 귀한 보물이 묻혀 있다, 요령 좋고 호기심 많은 작업자라면 단번에 발굴할 수 있다, 라는 이야기는 아니다. 아카이브를 작업 기반으로 삼는 역사가라면 자기에게 부족했던 지식 양태들을 아카이브에서 찾아낼 가능성이 있다, 라는 이야기일 뿐이다.

아카이브는 원하는 물건을 꺼내 올 수 있는 재고품 창고가 아니다. 아카이브는 항상 자료가 부족하다. 미셸 드 세르토는 지식을 "망각될 수 없는 무지로 인해 계속 수정되는 것"이라고 정의했는데, 아카이브 자료가 부족하다는 말도 비슷한 뜻이다. 고소장 뭉치가 무수하게 쌓여 있고, 거기서 뽑아낼 것들도 무궁무진한 것 같지만, 역설적이게도 자료가 이렇듯 넘쳐난다는 사실은 자료가 부족하다는 사실과 공존한다. 서기가 받아 적은 수많은 문장들은 모든 것을 알아낼 수 있겠다는 착각을 안겨주지만, 수많은 자료가 곧 지식인 것은 아니다. 눈앞의 수많은 자료가 역사가에게 주는 인상은 오히려 이 자료가 글자 그대로 채택 불가능한inqualifiable 상황 증거이리라는 것, 이 자료 안에 박제되어 있는 그때 그 사람들의 동기를 지금은 거의 이해할 수 없으리라는 것이다. 18세기 아카이브의 수많은 자료는 그 어떤 지식으로도 채워질 수 없는 부족함을 만들어낸다. 18세기 아카이브를 지금 이용하겠다는 것은 그 부족함을 질문의 형태로 바꿔보겠다는 뜻이다. 그러려면 일단 껍질을 벗겨야 한다.

"껍질을 벗기다"

아카이브 작업은 단순 작업, 눈으로 보고 손으로 잡는 작업으로 시작된다. 껍질을 벗기는dépouiller 작업—꽤 의미심장한 표현이다—은 다량의 수작업으로 이루어진다. 이미 구상해놓은 두뇌 작업이 아무리 복잡하다 해도, 수작업 단계를 생략하기는 불가능하다. 익숙하고 단순한 수작업은 흐린 생각을 맑게 해주고 복잡한 궤변을 버리게 해주고 호기심을 날카롭게 벼리게 해준다. 절대 서둘러서는 안 된다. 아카이브 작업이 얼마나 느린 작업인지, 아카이브에서 손과 머리의 느린 움직임이 얼마나 창조적일 수 있는지는 아무리 강조해도 지나치지 않다. 느리기 때문에 창조적이라는 것은 나중에야 할 수 있는 말이겠고, 일단 빨라지는 것 자체가 불가능한 작업이다. 자료 뭉치를 하나하나 읽어내는 일은 좀처럼 끝날 줄 모른다. 사전에 결정한 표본화 방식과 정확한 계산을 통해서 자료의 분량을 최대한 제한했다 하더라도, 다 읽어내려면 엄청난 인내가 필요하다.

자료의 상태도 인내를 요한다. 말 없는 두 눈은 필사자료를 지나가면서 수많은 난관을 만난다. 물리적 훼손이 있을 수 있기 때문이다. 세월에 갉아 먹힌 모서리나 삭은 가장자리에는 잘려나간 단어들이 있고, 여백에는 알아보기 힘든 메모들이 있다(치안 관료들은 정보원이나 코미세르로부터 받은 보고서 여백에 메모를 남긴 경우가 많다). 한 글자만 지워져도 의미가 불분명해진다. 윗부분이나 아랫부분이 크게 손상되면서 몇 문장이 한꺼번에 사라지기도 하고, 접힌 부분이 찢어지면서 아예 절반이 없어지기도 한다(자료 중에는 치안총감 등을 수신자로 하는 편지가 많다).

악천후는 아카이브에 해롭다. '바스티유 아카이브'[2] 중 일부는 축축한 지하 서고에 보관되어 있다가 안으로 새어 들어온 빗물에 손상된 뒤에야 귀중 자료로 재분류되었다. 이렇게 잉크가 번져서 글자의 일부 또는 전부가 지워진 자료는 당연히 읽어내기 어렵다. 시간의 안개가 베일을 드리운 것이다. 원래의 상태가 아닌 자료들도 읽어내기 어렵다. 불온선전물을 수거하는 18세기 경찰이 벽에서 뜯어낸 정치 벽보나 비방 벽보 등이 그런 예다. '아스날 도서관'에는 이런 불법 벽보 쪼가리들이 담긴 종이 상자[3]가 있다. 얼핏 보면 잔해라고 할 수 있겠지만 이런 웃기려는 노력들과 명랑한 외설들을 가리키기에는 잔해라는 말이 너무 음울하다. 파리의 돌벽에 급히 나붙었던 불온선전물을 상자에서 꺼내 책상 위에 하나하나 늘

2   모두 아스날 도서관에 보관되어 있다.
3   AB 10019.

어놓는 일은 규탄과 욕설과 치졸과 정치적 희망이 한데 섞인 나라로 떠나는 바로크풍 여행이다. 당시 파리 전역에 무수하게 흩어져 있던 지하 필자들을 추적하기 위해 수거된 불법 정치 벽보들은 검열관의 취향대로 훼손되고 세월에 마모되면서 이런 상태가 되었다. 오늘날 이 상자 속의 종잇조각들을 법정 증거로 제출하기는 어려울 것 같다.

공들여 제작한 양질의 인쇄물도 간간이 끼어 있지만 대부분은 뻣뻣한 대문자로 필체가 드러나지 않게 쓴 필사물이다. 익명 필자들의 보복성 규탄들, 이웃 사람 아니면 본인의 아내(편한 동시에 적당한 과녁)에 대한 험한 욕설들이 상자 속에서 작은 무더기를 이루고 있다. 엉성한 깃털 펜으로 저질 종이에 써넣은 글자들 속에는 당시의 황망함, 증오심, 어설픔이 고스란히 간직되어 있다. 눈으로는 알아볼 수 없는, 소리 나는 대로 쓴 글자들이다. 거의 모든 벽보에는 벽에 붙어 있던 때의 자국들이 남아 있다. 손가락 끝으로 만져보면 그 당시의 거칠고 퍽퍽한 접착제와 두툴두툴한 돌벽의 흔적이 느껴진다. 아카이브에는 손가락digital[4]의 기억이 있다.

보관 상태가 완벽하고 필기 상태가 양호한데도 해독하기 어려운 필사자료도 있다. 일반적으로 18세기에 작성된 문서의 해독은 16세기 말이나 17세기 초에 작성된 문서의 해독

---

4   (옮긴이) 손가락이라는 뜻과 함께 디지털 정보라는 뜻이 있음을 이용한 반어적 말놀이.

에 비하면 그렇게 어렵지 않지만, 예측 불허의 난관들은 나타나게 마련이다. 형사사건으로 분류되는 단순한 사건[5] 하나가 오랫동안 우리의 관심을 끌어온 것은 그런 맥락에서다. 내용상으로는 흥미로운 이 사건 앞에서 작업자는 필기 상태가 양호한데도 해독은 불가능하다는 이상한 상황에 봉착한다. 토랭 사건이 일어난 1758년은 루이 15세의 암살 미수자 다미앵Robert-François Damiens이 처형당하고 난 1년 뒤였다. 사회면 뉴스가 현왕의 살해를 일어날 수 있었던 사건으로 다룬 이후였고, 사회적 상상계l'imaginaire social가 사회적 육체le corps social[6] 중에서 이 억압된 층에 귀를 기울일 때였다.[7] 그리 대단하지 않은 집에서 하인[8]으로 일하던 토랭Thorin이라는 남자는 안주인이었던 퐁스마뉴 부인이 죽자 엄청난 충격에 빠졌다. 한밤에 초췌한 얼굴로 일어난 토랭에게는 안주인의 모습이 보였고, 자기에게 어떤 비밀 임무와 함께 금식기도를 지시하는 안주인의 목소리도 들렸다. 토랭이 보고 들은 것을 동료 하인들은 보지도 듣지도 못했지만, 토랭은 자기가 정말로

---

5   1758년 토랭Thorin 사건, AB 12023.

6   Pierre Retat, *L'Attentat de Damiens. Discours sur l'événement au XVIIIe siècle*, Presses universitaires de Lyon, 1979.

7   (옮긴이) 푸코 등의 사회체le corps social 개념과 카스토리아디스Cornelius Castoriadis 등의 사회적 상상계 l'imaginaire social 개념을 인유하는 것으로 보인다.

8   (옮긴이) 다미앵의 직업도 하인이었다.

"보고 들었다"고 말했고, 그렇게 말한 순간부터 귀머거리에 벙어리가 되었다. 1758년 11월의 일이었다. 그렇게 인생이 급변한 그날 밤 이후로 토랭은 판사들, 주교들, 의사들이 문서의 형태로 행하는 일련의 심문에 문서의 형태로 답변하기 시작했다.

토랭 사건이 중요해진 것은 토랭이 비밀을 털어놓으면서였다. 안주인이 자기에게 왕을 죽이라는 끔찍한 명령을 내렸다, 자기가 귀머거리에 벙어리가 되었다는 사실이 바로 그 증거다, 라는 것이었다. 사건은 20년이 흘러도 끝나지 않았고, 그동안 계속 바스티유에 갇혀 있던 토랭은 결국 완전히 미쳐버렸다. 긴 이야기지만, 재위하고 있는 국왕에게 등을 돌린 사회의 집단적 상상이 사회질서 개념과 어떻게 대립하는가에 관심이 있는 사람이라면 흥미로운 대목들을 발견할 수 있을 것이다.

이야기는 길 뿐 아니라 해독하기도 힘들다. 토랭이 그 20년간 작성한 문서는 수백 장에 이르는데, 그것들을 다 해독하려면 글이라기보다 말이라고 생각해야 한다. 토랭은 글을 쓴 것이 아니라 입에서 나오는 소리를 종이에 옮겼다. 게다가 단어 단위로 옮긴 것이 아니라 어절 단위, 생각 단위로 옮겼다(단어의 독음이었다면 그나마 쉬웠을 것이다). 구두점은 당연히 없고, 띄어쓰기는 철자법에 맞지 않는다(한 단어를 의외의 음절들 사이에서 떨어뜨리기도 하고 두 단어를 변칙적으로 붙이기도 한다).

뜻을 전혀 짐작할 수 없는 글, 읽기 힘든 것을 넘어 아예 읽을 수 없는 글이다. 눈은 전혀 쓸모가 없다. 읽어내기 위해서는 이렇게 잘려 있는 글자 토막들을 아주 작게 발음해보아야 한다. 그러면 언제나처럼 조용한 만석 열람실에서 굉장한 경험을 하게 된다. 정적을 깨뜨리면서 옆자리에 앉은 작업자들의 고개를 이리저리 돌아가게 만든다는 점에서도 놀라운 경험이지만, 이렇게 입에서 나오는 음 하나하나가 글자의 의미를 서서히 되살린다는 점에서도 놀라운 경험이다. 악보를 읽는 느낌, 음정이 가사에 의미를 주는 느낌이다. 리듬은 당김음이고, 띄어쓰기는 변칙적이고, 연음이 소리 나는 대로 적혀 있다. 음을 듣기 전까지는 뜻을 짐작할 수 없는 만큼, 소리가 글자를 불가해함에서 구원해낸다고 하겠다.

"매우어 이시파리런 이어너거이이영헌 덜얼 우이해 미사럴 얼리넌나리라 판사니메뜨설 이제이아깨다라싸 오니 이제거만저럴 점퍼러주 서서"(매월 28일은 '연옥'의 영혼들을 위해 미사를 올리는 날이라, 판사님의 뜻을 이제야 깨달았사오니 이제 그만 저를 좀 풀어주소서).

"fau il fe re direse tou levin oui une maisse pour le sarme du bougatoire jenay gamay conu votre a ta chemant

77

juqua prisan. Je vous pri de me laisé antrepar sone de ma conaysanse" (il faut faire dire tous les 28 une messe pour les âmes du Purgatoire, je n'ai jamais connu votre attachement jusqu'à présent, je vous prie de me laisser entre personnes de ma connaissance).

토랭이 나중에 쓰게 되는 긴 자백도 같은 식으로 읽어야 한다.

"거런지서래서 줸님구아줸땍덩리어더레게 피에 럴 끼치리어거해따 넌 말써미 아닌데이어 처엄 버터 수아성 주기어 님께더 말썸 더리어써이어 줸땍에넌 거런사라미 업썰거라 거 줸땍싸람더런 정말조언사람더리라 거 줸땍싸람더럴 험담해번적떠업따 거 거러케말써멀 다더리어써이어 〔…〕거이어자 하거 지내따가 넌 이엉어니 우이허매지니까 거러케중안범주에 넌 생가캐번적더업 썬 넌데 이어자우아동치매따 거 거러케중안잘머서나니 게찌만 가나나나이니 이어자더란테잘머껄리 미언 무서니럴당알지머러거"(그런 짓을 해서 주인님과 주인댁 동료들에게 폐를 끼치려고 했다는 말씀이 아닌데요, 처음부터 수아송 주교님께도 말씀드렸어요. 주인댁에는 그런 사람이 없을 거라고, 주인댁 사람들은 정말 좋은 사람들이라고, 주인댁 사람들을 험담해본 적도 없다고, 그렇게 말씀을 다 드렸어요.

〔…〕 그 여자하고 지냈다가는 영혼이 위험해지니까 그렇게 중한 범죄는 생각해본 적도 없었는데, 여자와 동침했다고 그렇게 중한 잘못은 아니겠지만 가난한 하인이 여자들한테 잘못 걸리면 무슨 일을 당할지 모르고).

"Jamais ne pou ra dir que jaye faissa pour fair de la peineamoumaître ou ames canmarad, a tendu que dé le premier moman je dis à levec de Soison que je ne croyé pa qui fus person de la moisson que sa fesoi des forbrave gen et que jeneudé jamai di dumal 〔…〕 je me pansé a un crime si gran que jene vouloi dir que poremi mon ameandagé dabitere avec ste femme; le mal n'est pas si gran couche avec une fame mais un pauvre domaisse qui done dans les fame il se exposé a bien déchos" (Jamais je ne pourrai dire que j'ai fait cela pour faire de la peine à mon maître ou à mes camarades, attendu que dès le premier moment je dis à l'évêque de Soissons que je ne croyais pas que ce fut personne de la maison que c'était des fort braves gens et que je n'en ai jamais dit du mal 〔…〕 Je n'ai jamais pensé à un crime si grand que je ne voulais dire que j'aurai mis mon âme en danger d'habiter avec cette femme, le mal n'est pas si grand de coucher avec une femme mais un pauvre domestique qui donne dans les femmes s'expose à bien des choses).

흥분한 토랭은 자기가 유부녀를 사랑했기 때문에 하느님이 벌을 내렸다고 생각한다.[9]

아카이브에 보관되어 있는 청각적 기억은 어조가 얼마나 중요한가를 일깨워준다(예컨대 구술문학에서는 어조가 매우 중요한 역할을 한다). 토랭이 작성한 이 문서들에도 어떤 말소리, 어떤 어조, 어떤 리듬이 보관되어 있다. 작업자가 아카이브에서 이런 식으로 발음의 관행을 감지할 수 있는 경우는 흔치 않다. 토랭은 문맹자였던 것 같고 토랭의 맞춤법은 오류로 가득하지만, 바로 그 덕분에 토랭의 문서는 글자가 어떻게 발음되었나를 짐작케 해주는 희귀한 자료가 되었다.

그러니 일단은 두 손과 두 눈으로 이렇듯 천천히 해독하는 방법밖에 없다. 그렇게까지 어렵지 않은 자료도 있지만, 기본적으로 쉬운 자료는 없다. 공판 자료들은 너무 길고, 심문 자료들은 항상 장황한 사법 용어들로 시작되고, 수사 자료들은 불명료하든지 아니면 진창을 헤매는 것처럼 계속 빗나간다. 매우 예외적인 자료가 아니고서는 사건의 핵심이 단번

---

9   (옮긴이) 왕을 죽이는 임무를 짊어지게 된 것이 자기가 지은 죄에 대한 벌이라는 토랭의 발상에 대한 부가 설명은 다음에서 찾아볼 수 있다. Arlette Farge, *Dire et mal dire. L'opinion publique au XVIIIe siècle*, Paris: Éditions du Seuil, 1992.

에 잡히지 않는 만큼, 수렁marais에서 허우적거리듯 읽고 또 읽는 방법밖에 없다. 어딘가에서 바람이라도 불어와 주지 않으면 영원히 빠져나갈 수 없을 것만 같다. 가장 기대하지 않았던 순간, 바람이 불어와 주기도 한다.

이렇게 끈질기게 읽는 데서 시작되는 것이 아카이브 작업이다. 여기서 할 이야기는 왜 그렇게 시작해야 하는가에 대한 이야기가 아니라 그저 그렇게 시작한다는 것이 어떤 것인가에 대한 이야기다. 작업 모델이니 '작업 지침'이니 하는 것은 없다. 거의 매일같이 '아카이브로 출근'하는 작업자가 이 강박적 습성에 대한 이야기를 무겁지 않게 거리를 유지하면서 꺼내볼 수 있을 뿐이다.

작업은 시시하다고도 할 수 있는 과정들을 통해 슬그머니 시작된다. 그런 과정들이 성찰의 대상이 되는 일은 거의 없음에도, 그런 과정들을 통해 전에 없던 연구 대상이 설정되고 전에 없던 지식 형태가 구성되고 전에 없던 '아카이브'가 구축된다. 기존 형태들을 재활용, 재조립함으로써 실재를 다른 방식으로 서사화할 가능성을 타진하는 작업이니만큼 새로운 작업이라기보다는 이미 시작한 작업을 또 한 번 시작해보는 것, 있는 카드들을 다른 방식으로 배치해보는 것에 가깝다. 자기도 모르게 서서히 진행되는 작업, 모든 단계들이 순번 없이 동원되는 작업, 아카이브를 상대로 반박 겸 구축의 내기jeu를 거는 작업이다. 작업자가 사전에 선택한 내기일 수

도 있고 자료 그 자체에 의해 밀어붙여진 것처럼 자기도 모르
게 행해진 내기일 수도 있다.

선택과 구분

자료 읽기에 이은 자료 확보는 필사나 복사라는 단순 수작업
을 통해 이루어진다.[10] 비슷한 내용을 한데 모아놓을 수도 있
고, 특이한 내용을 떼어놓을 수도 있다. 어느 쪽이냐는 연구
대상을 어떻게 설정했느냐에 달려 있다.

　　예를 들어 특정한 유형의 범죄를 연구하는 경우, 일단 필
요한 작업은 사전에 정한 기간 중에 나온 자료 전체에서 해당
자료를 쏙쏙 뽑아내는 것이다. 반면에 어느 정도 큰 테마(여
성, 노동, 센 강 등)를 연구하기로 한 경우에는 자료 하나하나
를 훑어보면서 연구 대상과 관련된 모든 내용을 캐내야 한다.
긴 문건들(수사 자료, 고발 자료, 영업 분쟁 자료 등)을 하나
하나 훑어보면서 필요한 내용을 골라내는 작업이다. 두번째
유형의 작업은 첫번째 유형의 작업과 약간 다르지만, 자료 축
적을 통해서 모종의 형태가 생겨난다는 점과 그렇게 생겨난
형태가 디테일 속에서 연구된다는 점은 마찬가지다. 단, 두번

10　　Michel de Certeau, *L'Écriture de l'histoire*, Paris: Gallimard, 1975.

째 유형의 작업에서는 다른 테마들과의 차별화라는 과제를 잊어서는 안 되겠다.

작업은 간단하다. 자료의 껍질을 벗긴 다음 일군의 자료를 한곳에 모은다. 연구 자료를 정리해놓는 작업이다. 너무 기초적인 것 같지만, 어쨌든 분류 작업인 만큼 실재로부터 벗어나는 첫 단계임은 분명하다. 특정 테마(만취, 절도, 혼외정사 등)에 초점을 맞춤으로써 실재를 향한 특정 시선을 만들어내는 단계이기도 하다. 연구 대상이 생기는 순간, 사유 공간은 재배치될 수밖에 없다.

애초의 분석이 모종의 목표와 연결되는 경우도 많다. 예컨대 도박죄를 연구하기로 하면서 18세기 도박 연구를 통해 경찰과 유흥계와 귀족층과 금융업 사이의 관계를 이해할 수 있을 것이라고 예상해볼 수도 있고, 매우 구체적인 유형의 절도죄[11]를 연구하면서 그것이 한 세기의 관심사를 대표하는 현상일 것이고 해당 연구가 가난과 고통에 대한 연구를 심화시켜줄 것이라고 믿을 수도 있다. 노상의 몸싸움과 술집의 난투극을 상세하게 다루면서 폭력이 도시 사회의 실마리 중 하나라는 가설을 시험해볼 수도 있고, 혼외정사 범죄를 분석 대상에 추가하면서 남녀 관계에 관한 연구를 좀더 다듬어나갈 수도 있다. 연결된 목표가 뭐든 간에, 여기서 작업은 동질적

---

11   (옮긴이) 파르주의 박사논문 주제는 18세기 파리의 식품 절도죄였다.

자료들, 비슷해 보이는 자료들을 수집하는 데서 시작된다. 동질성을 깨뜨리고 이질적인 것, 하나밖에 없는 것을 찾는 일은 그다음에 할 일이다.

"아카이브의 선물"

수집 과정에서는 어떤 자료도 빠뜨려서는 안 된다. 여기서 관건은 사전에 설정한 기간 중에 나온 모든 자료를 확보해놓는 것이다. 그런데 동질적 자료를 골라내기 위해서는 이질적 자료를 살펴볼 수밖에 없다. 살펴보지 않는다면 불필요한 자료라는 것을 어떻게 알겠는가.

눈앞에 놀라운 자료가 나타나는 것은 바로 이런 순간이다. 주어진 지평 너머에서 의외의 자료가 나타나 동질적 자료의 수집이라는 단조로운 과정을 어지럽힌다. 그런 이질적인 자료들 중에는 수다스러운 것도 있고 과묵한 것도 있지만, 어느 쪽이든 수집 중인 자료들의 동질성에 대한 균형추로 작용한다. 작업 노선을 벗어난 자료, 작업 노선에 맞서는 자료, 앎의 새 지평을 열어 보여주는 자료, 껍질 벗기기의 기존 노선에서 바랄 수 없었던 수많은 정보를 알게 해주는 자료인데, 얄궂은 형태인 것도 있고 유익한 형태인 것도 있고 얄궂은 동시에 유익한 형태인 것도 있다. 언젠가 한번은 청구번호

Y의 잡범 고소장('국립기록보관소' 자료) 중에서 1720년부터 1775년 사이의 폭행 사건 관련 자료 전체를 작업 대상으로 삼아야 할 때가 있었다. 사전에 결정한 표본화 방식에 따라서 1년당 1개월의 고소장들을 놓고 껍질을 벗겼다. 날짜순으로 정리해놓은 고소장들이 한 장 한 장 끝없이 떨어져 내렸고 effeuillées, 그렇게 한 건 한 건 수집되는 폭행 사건들이 점점 긴 목록이 되면서 수많은 필사 카드가 채워져갔다. 그렇게 무료한 작업이 이어지던 어느 아침, 다른 고소장들과는 촉감이 좀 다른 종이가 만져졌다. 아카이브에는 촉지각 기억이 있다.

손이 먼저 안 것을 눈이 나중에 알았다. 그때까지 본 고소장들과는 전혀 다른 형태였다. 진행 중이던 필사 작업을 중단시키는 자료. 편지, 길을 잃은 편지. 일단 기계적으로 읽어나가는 것은 두 눈으로 색 바랜 종이를 훑는 습관 때문이다. 한 코미세르가 동료 코미세르에게 보낸 편지라는 것을 한참 만에 알게 된다.

웃기고 놀라운 자료다. "여보게 친구. 나는 무정한 남자가 아니라네. 자네의 애인이 나보다 무정한 여자니까 망정이지 그게 아니었더라면 자네는 오늘 밤 이후로 오쟁이를 졌을걸세. 자네의 애인이 내 본성을 심하게 자극할 텐데, 다른 남자들에게도 비슷한 영향을 미치지 않겠나. 여기까지는 농담. 이제부터는 진담일세. 오늘 밤에는 제시간에 갈 수 있도록 애써보겠지만, 자네의 초대는 좀 늦었고 오늘 초대받은 곳은 서른 집이 넘는다네. 그럼 있다 보세. 자네의 애인에게 나의 입맞춤을 전해달라는 안부 인사를 해본들 무슨 소용인가. 내가 입맞춤을 훔쳐내는 곳은 항상 턱이나 눈 아니면 뺨이지만 엉큼한 자네는 따로 챙긴 캉통canton[12]이 있겠지. 뺨이나 눈에서 입맞춤 천 개를 훔쳐낸들 자네가 거기서 수확하는 입맞춤의 절반 값도 안 되는데. 입술 말일세. 제길. 내가 정말 좋아하는 입술인데. 그럼 있다 보세."[13] 도난 품목은 입맞춤, 날짜는 미상, 청구번호는 Y 13728. 의리와 짓궂은 장난기가 섞인 편지. 곧장 이 편지를 한 자 한 자 옮겨 적는다. 분류 불가 자료지만 대단히 중요한 귀중 자료다. 이 편지가 문화사의 연구 대상인 것은 아닐까, 유흥업이 융성했던 18세기에는 이런 종류의 까불까불한 편지가 흔한 소통 방식이었던 것은 아닐까, 라고 자문하게 되는 것은 나중의 일, 한참 나중의 일이다. 수집한 자료를 어디에 사용할 것인가를 오늘 생각할 필요는 없다. 당장 급한 일은 자료를 수집해놓는 것이다. 대단히 심각한 경찰 문건 틈에 끼어 있는 날짜 미상의 웃기고 놀라운 편지. 아카이브에는 장난기가 있다.

또 언젠가 한번은 극히 대중적인 카르티에 한 곳(레알 카르티에)의 코미세르 한 명(위그 코미세르)이 담당했던 모

<hr>

12   (옮긴이) 구arrondissement보다 작고 마을commune보다 큰 단위.
13   AN, Y 13728, 날짜 불명.

든 고소장, 수사 자료, 판결문을 검토해야 할 때가 있었다.[14] 연구 목표는 파리라는 도시의 사회관계에서 비롯된 현상들을 좀더 깊이 이해하는 것이었고, 연구 대상 기간은 위그가 코미세르로 근속한 1757년 12월부터 1788년 6월까지였다. 총 31년. 모든 문건을 빠짐없이 자료화해야 하는 작업이었다. 끝없는 고소장들 사이에서 무료해지기 시작한 것은 그때도 마찬가지였다.

'아카이브의 선물'은 바로 그럴 때 나타난다. 1766년 1월 18일에 한 고소 사건이 접수된다.[15] 빅투아르 광장에서 귀족 남자와 삯마차 마부 사이에 다툼이 일어나 말이 검에 찔린 사건이다. 고소장에 따르자면, 폴 르페브르Paul Lefèvre라는 마부는 "하인을 대동한 사드 후작이 말 한 필이 끄는 이륜마차 Cabriolet에 타고 있는 것"을 알아볼 수 있었다. 마부가 손님을 내려주려고 마차를 세우는 바람에 이륜마차가 지나갈 수 없게 되면서 다툼이 시작되었다. 사드 후작이 이륜마차에서 내려 검을 뽑아들더니 "말들에게 휘둘렀고, 말 한 필이 복부를 찔렸다."

사드 후작—우리가 아는 그 사람[16]—은 '부상당한 말에 대

14   AN Y10999~11032. 위그Hugues 코미세르 자료. 1757~88년 레알 카르티에.

15   AN Y11007A, 위그 코미세르 자료.

16   (옮긴이) Marquis de Sade(1740~1814): 프랑스의 혁명파 정치가이자 작가. 사드라는 이름으로 '사디즘'에 어원을 제공했다.

한 배상'과 그 회복 기간을 고려해 24리브르를 지불하고, 사건은 합의로 끝난다. 문서 하단에 사드 후작의 서명이 있다. 빅투아르 광장의 교통 체증 사이에서 갑자기 사드를 마주치는 것은 예상치 못한 즐거움이다. 문학 세계의 등장인물이 판타지를 찢고 나타난 듯한, 평판 그대로의 사드 후작. 죄 없는 말을 검으로 찌르는 그야말로 아무 동기 없는 폭력. 이런 일이 있었다니 너무나 기막힌 발견이 아닌가, 너무나 놀라운 우연이 아닌가 하고 의심하게 되는 것은 이 사소한 디테일이 사드 후작이라는 인물의 끔찍한 성격에 너무 정확하게 들어맞기 때문이다.

우연히 발견한 자료가 껍질 벗기기의 노선을 바꾸는 또 다른 예들도 적지 않게 열거할 수 있겠지만, 그런 자료가 반드시 얄궂은 자료일 필요는 없다는 사실도 지적해야겠다. 갈 생각이 없었던 곳, 이해할 생각도 없었던 곳으로 데려가는 자료들 중에는 '순탄한paisible' 자료, 평범한 자료도 있다. 이런 방식으로 아카이브의 침윤을 허용하는 것, 아카이브에 담긴 이야기의 형태 그 자체에 젖어드는 것은 **선험적으로는**a priori 그리 특별하지 않은 이야기를 좀더 효과적으로 처리하는 방법일 수 있다. 아니다, 침윤은 학문적 논법일 수 없다, 침윤이라는 말 자체가 나이브할 정도로 부정확하다, 침윤이라는 미성숙한 작업에는 해석상의 결함이 끼어들기 쉽다, 라는 반박도 나올 수 있다. 옳은 반박이다. 하지만 이런 반박에 맞서 아카이브를 숲에 비유하고 싶다. 반박당한 주장을 더 불리하게 만들 것을 알면서도 숲의 비유를 내놓고 싶다. 아카이브는 빛이 들지 않을 만큼 울창한 숲 같다. 그래도 한동안 숲속에 들어가 있으면, 두 눈이 어둠에 익숙해지면서 숲의 생김새를 어렴풋이 그려볼 수 있게 된다.

함정과 유혹

그러다가 서서히 조심성을 잃어버리기도 한다. 아카이브의 매력에 취한 나머지 아카이브에 함정이 있다는 것, 아카이브와의 거리를 잃으면 위험해진다는 것을 잊어버리기도 한다.

　18세기 형사사건 아카이브를 다 읽으려면 한평생으로도 모자라겠지만, 아카이브 전체를 그냥 무질서하게 아무 목적 없이 읽어나가면서 경이를 느끼고 싶은 마음, 그저 아카이브의 맛을 느끼고 싶은 마음, 줄줄이 이어진 평범한 문장들 속에서 삶의 흘러넘침을 느끼고 싶은 마음은 시간이 없다는 사실 탓에 약해지기는커녕 오히려 더 강해진다. 무명씨들의 이야기들을 잊지 않고 싶은 마음, 함께 나누고 싶은 마음을 비난할 필요는 없다. 오래전에 사라진 무수한 무명씨들에 대한 디테일을 마음껏 수집하다 보면 역사를 쓴다는 것이 다른 지력을 요하는 작업임을 잊어버릴 만큼 즐거워지기도 한다. 오해하지 말자. 이야기를 복원하고 싶은 마음은, 그것만으로는 충분하지 않다 하더라도, 사유를 시작하는 데 꼭 필요한 토양이다. 여기서 함정은 아카이브에 매료된다는 것 자체가 아니라 아카이브에게 질문하는 법을 모르게 되어버리는 것이다.

아카이브 작업은, 목표가 있는 작업이라면, 자료를 고르는 과정을 빠뜨릴 수 없다. 무엇을 고르고 무엇을 버리느냐 그것이 문제다. 역사가가 미리 세운 가설들 때문에 고를 자료와 버릴 자료가 미리 정해져 있는 경우도 있는데, 그럴 경우에는 유연성, 곧 당장은 필요하지 않은 자료 같아도 나중에 필요불가결한 자료로 밝혀질 수 있는 것들이 저장될 가능성을 잃게 된다.

필요불가결한 자료인지 불필요한 자료인지, 버려도 되는 자료인지 버려서는 안 되는 자료인지, 의미 있는 자료인지 중복되는 자료인지는 어떻게 결정하는가? 작업자가 자료를 놓고 고를까 말까 망설일 때, 뾰족한 해결 방법은 없다. 엄정한 규칙 같은 것도 없다. 아카이브에서의 발걸음은 실은 배회자rôdeur의 발걸음과 비슷하다.[17] 아카이브 작업자는 한편으로는 어떤 존재나 사건의 드러나 있는 흔적과 파묻혀 있는 흔적을 찾아 헤매면서 다른 한편으로는 부재하는 것, 가감되

---

17   Carlo Ginzburg & Carlo Poni, "La micro-histoire," *Le Débat*,
       no. 17, décembre 1981, p. 133. 〔"Il nome e il com. Scambio ineguale
       e mercato storiografico," *Quaderni storici*, no. 40(1979).〕

는 것, 부재한다는 사실을 통해 부각되는 것을 눈여겨본다. 자료가 있다는 것 자체, 또는 자료가 없다는 것 자체가 의심해보고 정리해보아야 할 표징들이다. 아카이브라는 아직 나지 않은 길에 들어서는 역사가는 동일화의 가능성을 항상 경계해야 한다. '동일화identification'란 자료 속에 등장하는 인물들, 사건들, 생활 방식들, 사고방식들 중에서 자기가 미리 세워놓은 가설들을 뒷받침해줄 수 있는 것들에만 주목하는 경향을 말한다. 아카이브에 있는 자료가 역사가가 마침 찾고 있던 자료(마치 기적처럼 역사가의 사전적, 근본적 필요에 부응하는 듯한 자료)뿐이라면 그렇게 이상한 우연의 일치도 없겠다. 역사가는 연구 대상을 수없이 많은 은밀한 방법으로 동일화한다. 이런 경향이 지나칠 경우(가설을 증명해내고자 하는 바람이 너무 간절한 경우), 가설과 다르거나 가설에서 벗어나 있거나 가설을 반박하는 자료를 (애초의 가설을 한층 더 빛내는 예외적 자료가 아닌 다음에는) 아예 인지하지 못하는 지경에 이르기도 한다. 이렇듯 역사가와 그의 연구 대상이 맹목적으로 공생하게 되는 경향은 다소 불가피하기도 하고 역사가의 마음을 편하게 해주기도 한다. 자기에게 이런 경향이 있다는 것을 역사가 본인도 깨닫지 못할 때가 많다. 동일화는 왜 불가피한가. 역사가가 선택하는 연구 방향이 어느 정도는 역사가 본인의 반영물과 대립물 사이의 변증법에 좌우되게 마련이기 때문이다. 분별 있는 역사가라면 그 사실을 인정할 것이다. 아니라고 하면 거짓말이 될 것이다. 동일화는 왜 역사가의 마음을 편하게 해주는가. 어떤 방식으로든 대상과 동일화하면, 자기가 짊어져야 하는 짐을 좀 내려놓을 수 있기 때문이다. 그런데 왜 동일화는 위험한가. 동일화라는 거울 놀이는 비좁고 답답한 울타리 안에 들어앉은 채 상상력의 길, 사고력과 호기심의 길을 가로막기 때문이다. 동일화한다는 것은 자료를 마비시키는 동시에 자료를 이해하는 힘을 마비시킨다.

아카이브와의 거리를 잃지 않으려면 아카이브를 욕망의 대상으로 삼지 않기 위해 항상 조심해야 한다. 물론 아카이브에 대한 '금욕ascèse'이 아카이브와의 대화나 아카이브에의 감정이입을 일체 배제하는 것은 아니다. 대화란 융합이나 격차 제거가 아니라, 타자의 낯섦과 낯익음에 대한 인정이자 타자에게 똑똑한 질문, 효율적 질문을 제기하기 위한 필수 조건이다. 대화하려면 일단 대결해야 한다. 역사가가 아카이브의 불투명성, 아니 아카이브의 수수께끼에 가로막히는 경우도 종종 있다. 역사가가 그렇게 아카이브의 수수께끼에 부딪힐 때, 다시 말해 아카이브가 "읽어보면 알 수 있다, 여기에 다 쓰여 있다"라고 말해주지 않을 때, 그럴 때 비로소 역사가의 진정한 작업이 시작된다. 아카이브에서의 첫번째 작업은 텍스트가 감추고 있는 것들(사실 같지 않은 것들, 앞뒤가 안 맞는 것들, 나아가 편의적 해석들에 끼워 맞춰지지 않는 것들)을 찾아내는 것이다. 아카이브가 애초의 가설에 맞는 내용을 쉽게 내주는 것처럼 보일 때 작업은 오히려 더 까다로워진다. 그럴 때 필요한 것은 아카이브를 향한 자연스러운 '공감'을 떨쳐낼 수 있는 인내심, 그리고 아카이브를 반박해야 할 적수로 간주할 수 있는 경계심이다. 아카이브의 지식은 기존 지식의 영토에 합병되는 지식이 아니라 기존 지식의 질서를 흐트러뜨리는 지식이다. 아카이브가 넘치게 내주는 것들을 버리고 아카이브가 감추고 있는 것들로부터 의미를 찾아낸다는 것이 그리 간단한 일은 아니다. 아카이브를 알려면 먼저 아카이브에서 배운 것을 잊어야 하고, 한 번 읽어서 알 수 있다는 생각을 버려야 한다.

대단히 투명한 아카이브, 다시 말해 작업 중인 테마와 관련해 참신하고 적절하고 상세한 정보를 무수히 내주는 아카이브도 있을 수 있다. 그 자체로 충분하겠다고 생각될 정도로 생동하는 자료 앞에서는 재검토 과정을 생략하고 싶은 유혹, 자료에서 한발 물러나는 대신 자료의 즉각적 주석이 되고 싶은 유혹이 느껴지게 마련이다. 하지만 정말 그랬다가는 200년 전에 나온 글의 반영(사본)에 불과한 무미건조한 역사책이 된다. 그런 역사책에 실린 역사 이야기는 지루한 해설(비평이라는 체에 걸러지지 않은 실증주의적 주석)일 뿐이다.

글을 쓸 때는 종종 인용에 의지하게 되지만, 인용을 무반성적으로 사용하다 보면 안이한 편법이라는 인상을 줄 수도 있고, 증거가 아닌 것을 증거인 것처럼 내밀면서 논증 과정을 빼먹는다는 인상을 줄 수도 있다. 인용이 증거가 될 수는 없다. 다들 알다시피 이미 찾은 인용문과 정면으로 배치되는 인용문을 찾는 일은 거의 항상 가능하다. 물론 인용에는 거부하기 힘든 매력이 있다. 낯설다는 매력, 적절하다는 매력, 과거의 언어와 섞이면서 이국적 정취를 풍긴다는 매력과 함께 더 좋은 표현을 찾지 못했음을 고백한다는 매력도 있다. 아카이브에서 끄집어낸 글을 그대로 인용한다는 것은 더 효과적인 어휘, 더 적절히 다듬어진 문장을 써낼 수 없다는 고백이다. 아니면 거꾸로, 좀더 깊이 성찰할 능력이 없음을 숨기면서 인용의 진실성에 최대한 편승하려는 술책일 수도 있다. 개연성, 나아가 진실성을 인정받는다는 것은 어쨌든 모든 인용문의 매력이다.

인용은 실은 상감 공예처럼 정교한 작업이다. 의미와 깊이가 있는 인용이려면 대체 불가능한 인용이어야 하는 것도 사실이다. 인용의 역할은 크게 세 가지다. 첫째, 생경한 표현의 힘으로 새로운 상황을 조성하는 역할을 한다. 이야기가 진전되게 하는 기폭제의 역할이다. 둘째, 충격을 불러일으킴으로써 기존의 노선을 흔들고 시선의 방향을 바꾸고 자명성을 깨뜨리는 역할을 한다. 역사가가 길을 잃는 일, 타인의 성공과 실패를 아무 고뇌 없이 검토하는 학자적, 학술적 기벽을 버리는 일도 이런 인용-균열citation-rupture 덕분에 가능해진다. 이럴 때 인용은 이야기를 깨뜨린다. 인간의 경험은 말을 통해 형태를 얻는다는 것, 인간이 말의 세계에서 빠져나가기란 때로 불가능하다는 것을 따옴표 안의 인용문이 상기시켜주기도 한다. 하지만 인용의 역할들 중에는 그리 거창하지 않은, 게으르다고도 할 수 있는 세번째 역할도 있다. 글의 긴장을 한숨 돌리게 하는 역할이다. 휴식이 되고, 해변plage이 되는 역할이라고도 할 수 있다. 글과 글을 잇는 역할이나 과거에 이만큼 '잘된bien' 표현이 있었다는 것을 보여주는 역할이 아니라 이미지 조각을 삽입함으로써 이야기의 음조를 바꾸는 역할, 글에 이물질을 집어넣는 역할이다. 계류음을 내는 인용문이 쉼표처럼, 이분음표처럼 작용함에 따라 역사가의 통상 온당한 논의가 인용문을 중심으로 다소 불온하게 흘러갈 수 있게 된다. 인용문이 한 문장의 끝, 한 문단의 끝, 한 챕터의 끝에 스냅사진처럼 튀어나온 경우에는 인용문을 중심으로 정적이 흐르기도 한다. 인용은 그런 것이다. 역사는 결코 아카이브 베끼기가 아니다. 역사를 염두에 두면서 아카이브를 철거하는 것, 아카이브 앞에서 불안을 감추지 않는 것이 아카이브 취향이다. 역사가 어떻게 이렇게 아카이브에 좌초해 있는지 그 이유와 경로를 계속 질문할 수 있는 것은 그런 불안 덕분이다. 아카이브 취향은 아카이브에서 골라낸 하나에 머물러 있고 싶은 마음과 그렇게 골라낸 것들을 하나로 엮고 싶은 마음이다. 생각의 출현을 느끼게 해주는 문체는 그런 마음과 함께 만들어진다.

　아카이브에는 자료와의 거리를 잃어버리는 동일화의 위험이나 자료를 되풀이하면서 무미건조한 주석이 될 위험 이외에도 자료를 멀리서 또는 가까이에서 드라마화하게 될 위험이 도사리고 있다. 아카이브 안에 무수히 많은 역사들, 무수히 많은 일화들이 들어 있는 것이 사실이고, 그것들을 이야기로 듣고 싶은 것도 사실이다. 서로 엇갈리거나 서로 무관하게 제 갈 길을 가는 무수한 운명들 사이로 주인공héro의 면모를 갖춘, 버림받은 돈키호테 같은 인물들이 시선을 사로잡는다. 그들이 소설 속의 주인공인 것은 아니지만, 그들의 모험은 어떤 이국적 색채를 띠고 있다. 어쨌든 많은 사람들에게는 소설이 아카이브에 생명을 불어넣을 가능성이고, 어떤 사람들에게는 소설이 역사학이라는 분과학문의 제약에서 벗어날 이상적인 방법이다.

　아카이브에 생명을 불어넣는다는 흔한 말은 함정도 아니고 유혹도 아니다. 소설이 아카이브에 생명을 불어넣을 수 있다는 말도 마찬가지다. 소설가는 허구를 만들어내는 사람이다. 허구의 배경이 '역사적'일 수도 있고 허구의 인물이 몇 세기 전의 실존 인물일 수도 있지만, 소설을 쓰고 있다는 사실이 바뀌는 것은 아니다. 소설가가 독자를 위해서 재미있는 이야기를 써내면서 18세기에 살았던 사람들에게 생명을 불어넣는 것은 가능하겠지만(가능성 여부는 재능에 좌우된다),

그런 방식으로 생명을 불어넣는 일은 '역사를 써내는' 일과는 아무 상관도 없다. 아카이브에 대한 지식은 드라마의 진정성을 위해 꼭 필요하겠지만, 소설가가 소설 속 등장인물들에게 불어넣는 생명은 개인적 창조의 산물(독자를 사로잡아 매우 구체적인 이야기에 끌어들인다는 목적하에 꿈과 상상력을 글쓰기 재능에 결합한 결과)일 뿐이다.

역사는 소설이 아니다. 과거의 삶들을 글로 되살리기 위해 아카이브를 선택했다면 픽션을 쓰려고 해서는 안 된다. 잊힌 삶들, 정치·사법 체계에 짓눌린 삶들이 인정받아 마땅하다면 그 삶들을 제대로 인정할 방법은 역사를 쓰는 것뿐이라는 말을 해보고 싶은데, 그런 말을 거들먹거리는 느낌 없이, 역사소설을 무시하는 느낌 없이 하려면 어떻게 해야 할까? 정치 문건 행상 죄로 바스티유에 수감된 죄수가 속옷 한 조각을 찢어 아내에게 편지를 쓴 다음 세탁부에게 부디 편지를 전해달라는 부탁을 남겼다면, 역사를 쓸 사람이 유념해야 하는 일은 그를 소설의 주인공으로 만들지 않는 것이다. 그를 주인공으로 등장시킴으로써 수많은 주인공들 중 하나로 변질시킨다는 것은 그를 배신하는 것이나 마찬가지다. 저자의 꼭두각시라는 것이 주인공의 가장 특징적인 위상 중 하나임을 고려한다면 더욱 그렇다.

바스티유에 수감됨으로써 아카이브에 특별한 흔적을 남긴 이 남자는 누군가의 상상이 낳은 꼭두각시가 아니라 엄연한 자율적 주체다. 그의 존재가 깊이와 의미를 얻으려면 그를 주인공으로 등장시키는 소설이 아닌 이야기, 그를 역사의 주체로 복원할 수 있는 이야기, 그에게 말과 글을 빌려준 사회에서 펼쳐지는 이야기가 필요하다. 그에게 '생명'을 불어넣으려면, 허구의 우화를 쓸 것이 아니라 그를 아카이브에 잡아넣은 상황들을 가시화하는 글, 그런 상황들을 둘러싼 일상의 어둠을 최대한 정밀하게 세공해내는 글을 써야 한다. 헝겊 편지로 아카이브에 작은 흔적을 남긴 바스티유의 죄수, 그는 특별하고 자율적인 존재이면서(죄수가 되었다고 해서 특별함과 자율성이 없어지는 것은 아니다), 역사가 대화 상대로 삼아야 하는, 글로 남겨진 이성 존재un être de raison다.

아카이브에 어떤 함정과 유혹이 도사리고 있는지를 아는 것이 대수는 아니다. 안다고 해서 피할 수 있는 것이 아닌 까닭이다. 아카이브에 매료된 역사가도 마찬가지다. 함정과 유혹을 지적했으니 이제 안전하리라는 생각은 오만한 착각일 뿐이다.

형사사건 아카이브는 작게 조각나 있는 세계다. 조서만 해도 불충분하거나 부정확한 문답이 대부분이다. 이런 문장 조각들과 인생 조각들에서는 맥락이 보이지 않을 때가 많다.

하지만 작업자가 아카이브에 귀를 기울일수록 이 사소한 사건들, 이 사소한 조서들이 점점 많은 이야기를 들려준다. 도둑맞은 연장을 놓고 싸우는 사람들도 있고, 옷에 튄 구정물을 놓고 싸우는 사람들도 있다. 고발과 취조의 대상이 되었기 때문에 흔적을 남길 수 있었던 무질서의 작은 조각들, 아무것도 말해주지 않으면서 많은 것을 알려주는 이런 사사로운 사실들이 작업자에게는 조사와 연구의 장소다.

사건들은 시시하고 사고들은 너무 평범하고 인물들도 특별할 것이 없다. 아카이브는 주제별로 모여 있는 파편들에 불과하다. 하지만 그 삶의 파편들, 다툼의 작은 조각들이 거기서 인간의 불행과 인간의 저항을 동시에 반영하고 있다. 일상의 하찮은 다툼이 용암처럼 부글거리는 아카이브에서 자료를 정리하기란 거의 혹은 전혀 불가능하다. 그것을 아는 작업자에게는 두 가지 길이 있다. 아카이브에 등을 돌리고 다른 것들, 예컨대 사법 제도의 역사나 중요한 의미가 있었던 정식

재판들의 역사에 관심을 갖는 길이 있다. 아니면, 이렇게 조각나 있는 삶들, 강렬하면서 모순적이고, 사나우면서 언제나 복잡다단한 삶들을 제대로 붙잡아 최대한 의미를 뽑아내는 법을 배우는 길이 있다.

사건, 세계, 어둠

아주 사소한 일들, 어쩌다 한 번 일어난 일들, 감지하기 힘든 일들에 관심을 갖기로 했다면, 그런 작업에서 마주칠 수 있는 문제들을 논의해보는 것, 특히 역사적 사건이라는 개념을 논의해보는 것도 중요할 수 있다.

　진술이 곧 사건이다. 서기들이 옮겨 적은 짧은 이야기들도 사건이고 더듬더듬 늘어놓은 변명들도 사건이다. 다시 말해 사건은 이렇게 두려움, 수치심, 거짓말 등으로 조각난 언어 속에 있다. 일관성 있게 답변하려는 노력들, 곧 사건을 만들어내고자 하는 노력들이 이렇게 조각난 상태로나마 실려 있는 덕에, 이 속에서 작업자는 사회적 정체성들(답변자 본인을 포함한 여러 다른 사람들의 정확한 재현 형태들)과 함께 사회성과 감수성의 형태들(익숙한 것과 이상한 것, 참아줄 만한 것과 도저히 참아줄 수 없는 것을 구분하는 방식)을 확인할 수 있다. 하지만 답변에는 답변자가 생각하는 (본인,

가족, 이웃에 대한) 이미지가 포함될 수밖에 없고, 그 이미지는 의도적이건 비의도적이건 불확실할 수밖에 없다. 게다가 답변자는 자기 말의 힘을 정확히 가늠하지 못하는 상태로, 상대의 신뢰와 수긍을 얻어내고자 한다(진술에 이런 식의 사회관계가 있음을 잊을 수 없다는 것도 진술이 곧 '사건'인 이유 중 하나다). 요컨대 답변은 내용을 통해서 모종의 정연한(혹은 와해된) 세계를 가리켜 보일 뿐 아니라 표현을 통해서 상대의 신뢰와 수긍을 겨냥하는데, 진술이 사건으로 성립하는 것은 이 두 측면(진술 내용의 측면과 사실임 직한 내용을 만들어내겠다는 의지의 측면)의 긴밀한 관계 속에서다. 이제 '사건'의 의미를 다른 차원에서 생각해보자면, 답변자는 자기의 답변을 통해서 자기도 모르게 (답변자의 개성에도 불구하고, 아니면 답변자의 개성으로 인해) 어떤 총체적 지평을 열어 보인다. 작업자가 주목해야 하는 것이 바로 이 지평이다. 말은 현재를 담는 그릇(해당 시대에 통용되었던 평가들과 구별들의 구성 요소)이기 때문이다. 예를 들어 심문자가 절도 혐의로 끌려온 행상에게 몇 년생이냐고 묻고 행상이 "몇 년생인지는 모르겠고 샤를 탄신일le jour de la Saint-Charles에 열일곱 살이 된다"고 답할 때 작업자가 태평하게 "연령 : 17세"라고 기록한다면 대단히 애석한 일일 것이다. 이 정보를 개인적이면서 사회적인 총체적 지평 위에 자리매김하게 해줄 만한 것이 전혀 없는 기록일 것이기 때문이다. 아카이브에서 발굴되는 일상 자료들이 주로 이런 식인데, 그것이 아카이브의 가치이기도 하고 아카이브를 해석하기 어려운 이유이기도 하다. 다음은 가족 상황을 묻는 경우다. 심문자가 처자식이 있느냐고 물었는데 답변자가 "홀아비에 자식들은 다 죽었다"고 답했다면, 작업자는 답변자가 어떤 세상에서 살아가고 있는지를 한순간에 감지할 수 있다. 절도 혐의로 끌려온 열일곱 살의 젊은 행상에게로 돌아가자면(예는 끝이 없다), 그는 형제자매가 스물한 명인데, 손위 형제의 이름은 잊어버렸고, 동생들 중에서 지금 알아볼 수 있는 건 막내 여동생뿐이라고 한다. 이 파편화된 말들, 흔적인 듯, 기억인 듯, 생존을 둘러싼 세계의 울림을 되울리는 기억상실인 듯 전해지는 이 생존의 말들도 '사건'이다.

생업과 관련된 디테일들에도 이런 종류의 이야기, 정보를 알려주는 동시에 정보에 접근할 방법을 알려주는(다시 말해, 정보를 일관성 있게 만들어주는) 이야기가 깃들어 있다. 심문자가 바늘 장수épinglier에게 파리로 온 것은 언제냐고 묻자, 바늘 장수는 이주 생활의 전후 사정을 한 문장으로 요약해준다. "3년 전에 왔는데 그때만 해도 다른 사람들처럼 더 잘살게 될 줄 알았더니, 파리에서 눈 흐려지는 병에 걸려 치료도 못하고 다른 직업을 구해야 했다." 여기서 사건은 바늘 장수가 파리에 온 지 3년 된 이주민이라는 것이 아니라, 그 3년이 그에게 상실의 시간(희망·건강·생업을 하나하나 잃어버리는 시간)이었다는 것, 그 파리가 그의 눈앞에서 순식간에 신기루의 도시에서 불행의 도시로 바뀌었다는 것, 그리고 그가 잃어버린 그 희망이 그의 특별한 희망이기도 했지만 모든 파리 이주민의 희망이기도 했다는 것이다(도시로 이주해 왔다가 파산한 사람이 부지기수였다).

아카이브의 답변은 중요한 답변이든 사소한 답변이든 단순한 답변에 그치지 않는다. 작업자는 아카이브의 답변을 통해 사회 연결망의 작동 방식, 한 사람이 다른 사람들 사이에서 살아나가는 방식을 엿볼 수 있다. 이를 이해하는 데는 장문의 설명보다는 대수롭지 않은 예 하나가 더 도움이 될 것 같다. 심문자는 폭동에 참여했다는 이유로 잡혀 온 젊은 세탁부blanchisseuse에게 별명이 있지 않느냐고, "사람들이 곰보 뚱녀라고 부르지 않느냐"고 묻는다. 그러자 세탁부는 "나는 곰보 자국이 없고, 솔직히 말해서 나를 장난으로 뚱녀라고 부르는 것들이 있는데, 나는 안 뚱뚱하고 내 이름이 아니니까 누가 그렇게 부르면 나는 대답 안 한다"고 답변한다.[1] 조서의 답변은 이렇듯 격식이 없는 경우가 많다. 대중의 전통적 소통 양식을 메아리처럼 들려주는 것은 이렇듯 대수롭지 않은 것 같은 답변들이다.

'말하는 방식'[2]은 이렇듯 일종의 화행un langage en actes(사

1   AN X2B 1367, juin 1750.
2   Erving Goffmann, *Façons de parler*, Paris: Éditions de Minuit, 1987.

람들 사이의 상호작용 관행을 보여주는 대중 행동의 축소판)
이다. 사건은 이렇듯 별로 중요해 보이지 않는 화행을 바탕으
로 만들어진다. 한 사람이 어떻게 말하는가를 들어보면, 같은
사회집단에 속한 개인들이 어떤 방식으로 소통하는가를 짐
작할 수 있다. 예컨대 세탁부의 말을 들어보면, 남을 별명으
로 부르면서 놀리는 관행이 있다는 것, 놀림의 전략 중 하나
가 신체적 특징을 가리키는 별명이라는 것, 놀림을 당하는 사
람은 본명에만 반응하는 식으로 놀림에 대응한다는 것을 알
수 있다. 신랄한 답변에서든 어설픈 답변에서든, 자신만만한
답변에서든 겁에 질린 답변에서든, 아카이브의 답변에서는
사회관계의 복잡다단함이 감지되는 한편으로 답변자가 복잡
다단한 사회관계에서 좋은 모습으로 지내기 위해서 동원하
는 방식들이 감지된다. 통치 단위의 사회적·정치적 구조화가
정도를 더해갈수록 사회관계가 더 복잡다단해지는 것은 물
론이다.

　　말하는 방식이 곧 사건인 이유는 또 있다. 답변이 아무리
어설프다 해도 답변자가 평소에 말하는 방식을 암시하는 만
큼, 답변의 언어는 답변자 개인의 독특한 교양, 독특한 교육
을 바탕으로 삼고 있다. "이름을 어떻게 쓰느냐?" "읽을 줄도
모르고 쓸 줄도 모른다. 더 커서 다니면 더 잘 배운다고 해서

[*Forms of Talk* (1981).]

104

학교는 거의 안 다녔다. 가르쳐주러 오는 분이 있었다" "내 이름은 쓸 줄 안다" "모른다. 인쇄된 글자는 읽을 수 있는데, 쓸 줄은 모른다. 누가 서명해달라고 하면, 십자가를 그려준다." 이런 답변들에 포함되어 있는 특수한 형태의 교양은 지배층의 교양과는 무관하다. 각각의 답변은 사람마다 교양의 양상이 무한히 다양하다는 것을 정확하게 보여준다. 읽을 줄은 알지만 쓸 줄 모르는 사람이 있고, 인쇄체가 아니면 못 읽는 사람이 있고, 대문자도 못 읽는 사람이 있고, 읽을 수 있는 글자가 몇 글자밖에 없는 사람이 있고, 자기 이름을 쓸 줄 몰라서 서명을 십자가로 대신하는 사람이 있다. 까막눈인 것도 아니고 글을 아는 것도 아닌 다양한 양상의 문해력을 통계화하거나 도표화하기는 불가능하지만, 그럼에도 이렇듯 상세한 문해력 지도는 피지배층이 교양 습득 수단을 보유하는 방식들을 보여주는 귀중한 지표다. 아무것도 계량화할 수 없다면 (문맹률이나 교육 수준의 정확한 수치를 얻을 수 없다면), 작업자에게 남은 일은 전통적인 분류법을 거부하는 것, 지식의 가지들이 온갖 방향으로 뻗어나가는 어두운 숲(하나의 신원인 동시에 하나의 의견으로 서 있는 인간들의 숲)을 돌파하는 것이다.

　　말은 한 맥락 혹은 여러 맥락을 내다보게 해주는 창문이다. 하지만 말이 서로 어긋나면서 표현에 모순이 생기고 의미가 불분명해지는 때도 있다. 사람들과 사건들을 자리매김할

만한 의미 망을 겨우 찾아냈다고 생각하는 순간, 작업자 앞에는 불투명한 것들, 서로 어긋나는 것들이 출현하고, 앞서 다른 자료를 통해 추측되었던 풍경과는 전혀 연결되지 않는 듯한 특별한 공간들이 감지된다.

이 어둠, 이 어긋남도 사건의 바탕이 된다. 어긋난 말들, 이상한 말들이 전에 없던 새로운 대상을 구성해내고, 결코 유형화되거나 통합될 수 없는 여러 존재들과 여러 사실들faits divers[3]을 들려준다. 단번에 식별 가능한 역사적 배경과는 전혀 어울리지 않는 말들이다. 좀처럼 이해할 수 없고 분석에 저항하는 말들, 그럼에도 '감당'해야 하는 말들이다. 역사가가 한 사회 내부의 극단들, 극단적 갈등들을 포착할 수 있는 것이 바로 이런 말들 덕분이다.

어긋난 것들을 조정할 계기를 아카이브에서 찾는다면 아무리 찾아도 나오지 않는다. 역사적 사건이 특별한 일들(서로 상충하는 것은 물론이고 하나하나 미묘하고 심지어 시대에 안 맞는intempestives 일들)로부터 뽑혀 나오기도 한다. 역사는 대립과 충돌의 결과를 공평하게 정리한 이야기가 아니다. 상호 이질적인 논리들의 충돌 속에 드러나는 실재의 불균질함을 감당하는 일, 그것이 역사다.

---

3   (옮긴이) 여러 사실들이라는 뜻과 함께 신문에 잡보로 실리는
      기사라는 뜻이 있음을 이용한 말놀이.

에토스의 작은 조각들

아카이브의 주류는 줄거리가 있는 이야기가 아니라 충돌이다. 개인의 일상을 위협하거나 공공의 안녕을 위협하는 크고 작은 충돌들, 그럴듯한 이야기로 통합될 수 없는 충돌들은 대개 충돌 당사자의 신중한 침묵에 묻힌다. 이야기를 강요하는 것은 충돌의 상황을 알고 싶어 하는 경찰, 자백을 받고 범인을 색출하고 싶어 하는 경찰이다.

있었던 사실을 **사후에**a posteriori 재구성하는 작업이 더 어려워지는 것은, 대개의 문건이 공공 안녕의 버전, 치안 당국의 버전이라는 의미에서의 **최종**in fine 버전이기 때문이다. 취조자의 질문에는 공권력의 확고함이 담겨 있다. 일단 취조의 목적은 사건의 전모를 규명하는 것이 아니라 범인을 색출하는 것이다. 예컨대 시장에서 싸움이 벌어지거나 치안군에 맞선 폭동이 일어났을 때, 현장에 도착한 경찰은 애초에 점찍어두었던 목표물에게로 향한다. 싸움 현장에서는 주모자가 누구인지 이미 알고 있는 듯 체포에 나서고, 폭동 현장에서는 주모 세력이 어디 있는지 이미 알고 있는 듯 체포에 나선다. 무슨 일이든 벌어져주면 도시 곳곳을 정화할 구실이 생긴다는 것이 경찰의 생각이다. 두 여자가 좌판 앞에서 채소 값이나 생선 값이 너무 오른 것을 놓고 싸우고 있다면, 경찰들이 가장 먼저 하는 일은 구경꾼 틈에서 평소에 수상히 여겼던 소상인들, 소매치기들, 불법 업자들을 수색하는 것이다. 마찬가지로, 장인들artisans의 파업은 불온 세력으로 알려져 있던 일부 도제들compagnons의 투옥으로 마무리된다.

아카이브의 일독은 대개의 경우 치안 당국의 버전을 확인하는 것으로 끝난다. 충돌 당사자들이 아예 배제된 경우도 있다. 대개의 충돌은 불량배나 불량 집단과는 무관하게 단독으로 일어나는 일이지만, 경찰이 당장에 손쉽게 취하는 조치는 평소의 말썽꾼들을 체포하고 취조하는 것이다.

작업자는 경찰의 조치가 이렇듯 기계적이고 미흡하다는 것을 감안해야 하지만, 피의자들이 교활할 수 있다는 것도 잊으면 안 된다. 무죄를 주장하면서 억울해한다는 것이 거짓말을 하지 않는다는 뜻은 아니다. "나는 전혀 모르는 일이다" "거기서 나를 보았다고 하는데 나는 거기에 간 적이 없다" "한 번 시끄러운 소리가 났는데, 그거 빼면 본 것도 없고 들은 것도 없다." 이런 식의 부인이나 서툰 발뺌은 자백이나 다름없는 쓸데없는 거짓말이라는 추리를 유도할 수도 있을 것이다. 하지만 그런 식의 추리는 사건과 진술의 표면에 머무는 추리인 것 같다. 진술자가 살아가는 삶의 세부들, 뜻밖의 행태들, 사회라는 은근하게 드리워져 있는 배경막이 이런 어정쩡한 거짓말 속에서 불현듯 나타날 수 있는 까닭이다. 다음은 바로 그런 답변들, 모든 조서의 서두를 장식하는 "무슨 일로 잡혀 왔는가"라는 질문에 대한 대수롭지 않아 보이는 답변들이다.

"나는 아무 짓도 안 했다. 사람이 죽은 집 앞을 지나가면서 성호를 그었을 뿐인데 갑자기…"

"그날도 가게 앞에서 차양을 치고 있었는데 갑자기…"

"남편이 다리를 다쳐서 아들한테 연고를 구해 오라고 보내고 났더니…"

"술집에서 한잔 마시면서 아무나하고 어울리는 게 내 일과인데 그날은…"

"나는 신용 있는 사람이고, 하느님밖에는 겁낼 것이 없는 사람인데…"

"웅성웅성하는 소리가 들렸고 사람들이 계단에 잔뜩 모여 있는 것도 보였지만, 나는 연장을 정리하느라…"

"루아-드-시실 거리에 다리미질 하는 여자 la repasseuse 가 있어서 모자를 맡기러 가는 길이었고 특별히 누굴 쳐다본 것도 아니었는데 걷다 보니까 왠지 느낌이…"

"업장까지 뛰어갔던 건 동네에서 생긴 일을 친구한테 알려주려는 거였고, 거기 가서 한참 있었던 건 업장 맞은편에서 손님을 부르고 있던 하녀 아이한테 장난을 좀 거느라고 그런 건데, 아무튼 그러고 있으려니까…"

"그 남자가 여자들한테 창문에서 소리 지르라고 시킨 건데, 그 남자가 어떤 남자인가 하면…"

"매일같이 시장 말뚝 자리에서 채소를 파는 그 여자는 나랑은 일면식도 없고…"

"경찰이 들이닥치는 소리가 들리길래 도망치라고 했는데 그 여자가 싫다고 하면서…"

"집에 어린애가 넷인데 남편은 사흘째 어디 가서 뭘 하는지 모르지만 입고 나간 속옷까지 팔아먹었을 건 틀림없고…"

"내가 빨래해서 번 돈이니 내 맘대로 쓸 거지만, 먹고살려면 돈이 있어야 하고, 먹여 살려야 할 인간도 있고…"

"채소 칼을 집어 들고 찔렀는데, 그 여자가 내 손에 죽기 전에 동네 사람들이 달려왔다…"

"내가 못된 짓을 그렇게 많이 했으니 내가 죽게 되면 그 사람 손에 죽게 될 것 같다…"

"저녁에 '성문' 근처에서 돌아다니면 안 된다니, 내 누이만 해도 자기 애인이랑 매일 거기 가서 돌아다니는데…"

봉기와 관련된 진술의 경우는 내용이 더 충실하다. 예컨대 빵집 약탈이나 범인 추적 등에 연루된 용의자나 목격자는 진술에 비교적 망설임이 없다. 이렇게 터져 나오는 진술 앞에서 작업자가 할 일은 눈앞에서 벌어지고 있는 행동, 눈앞에서 만들어지고 있는 표상을 포획하는 것이다. 완결된 행동, 완결된 표상의 의미를 정리하고 사건 전체에 대한 해석을 제시하는 것은 나중의 일이다.

자기가 목격한 내용, 자기가 사건에 연루된 특별한 방식을 증언하는 용의자 또는 목격자는 저마다 자기가 사건 당시 어디에 있었고 무엇을 하고 있었나를 즉석에서 진술한다(열변을 토하는 경우도 있고 말을 아끼는 경우도 있다). 그러면서 사건의 흐름을 벗어나는 새로운 내용을 급조해내기도 한다. 한 사건에 대한 다양한 증언은, 그 사건을 재구성하게 해주지는 않는다고 하더라도, 세세하고 순간적인 현장의 그림이 그려지는 양상, 행동이 세목화되는 양상, 가치가 표명되는 양상valeur émises,[4] 인정 신호들이 고안되는 양상에 주목할 수 있게 해준다.

역사가가 아카이브에서 얻은 정보는, 맞는 것이든 틀린 것이든, 장황한 것이든 간명한 것이든, 사실 수집에 도움이 되는 정보에 그치지 않는다. 이런 정보는 에토스의 작은 조각들이다. 여기서 에토스란 각 존재가 눈앞의 사건에 대해서 생각하고 증언할 때 그 말들을 통해 전해지는 그 존재의 근원적인 무언가, 다시 말해 그 존재의 인격morale, 미감esthétique, 개성style, 상상계imaginaire, 그 존재가 자기가 속한 사회를 대하는 특별한 방식을 뜻한다. 아카이브에서 나직하게 들려오는 말들 사이에서 특이한 내용, 결정적 의미가 담긴 내용만 찾으

4   Arlette Farge & Jacques Revel, *Logiques de la foule. L'affaire des enlèvements d'enfants, Paris, 1750*, Paris: Hachette, 1988.

려고 하면 아무것도 찾아내지 못할 수도 있다. 큰 의미가 없어 보이는 디테일, 중요하지 않은 디테일에 주목할 때 비로소 언어화되지 않은 것들을 엿볼 수 있고, 이루어지지 못한 소망과 이루어질 수 없는 욕망으로 버무려진 감지력과 이해력의 여러 형태들을 깨달을 수 있다. 그럴 때 비로소 아카이브의 말은 말하는 사람이 어떤 사람인지 그 은밀한 윤곽을 엿보게 해주고, 말하는 사람과 세계가 어떻게 이어져 있는지 그 수많은 관계 형태를 깨닫게 해준다.

우연히 생긴 일과 단 한 번 생긴 일, 개인에게 생긴 일과 집단에게 생긴 일

특별한 것을 만나면 곤혹스러워진다. 무수한 등장인물들이 저마다 우연히 일어난 사건peripeteia에 봉착해 이리저리 각양각색으로 움직이는 아카이브에서 작업자는 무엇을 할 수 있을까? 도서관에 가서 한나절만 껍질을 벗겨도 이상한 인물이 속속 나타난다. 비세트르[5]에 투옥된 소매치기는 "벌써 두 번이나 괴혈병에 걸린 제가 계속 이렇게 비세트르에 남아 있다가는 내세로 건너갈 수밖에 없을 텐데, 그러면 이렇게 안부를

5   (옮긴이) 파리 근교의 감옥. 명목상 병원이었다.

전해드리기도 어려울 것 같다"라는 석방 청원서를 쓰고 있고,[6] 수도사로 변장한 거지는 "성물함을 사서 에체 호모Ecce homo[7]와 네 사람이 그려진 '수난화'를 넣어 가지고 다니면서 행인들에게 보여주었다"고 진술하고 있고,[8] 어떤 모친은 자식이 체포당하자 "아이의 손을 꼭 잡고" 울면서 뒤따라갔다고 하고[9]… 작업자는 이런 윤곽들을 끝없이 무수히 그려갈 수 있다.

특별한 것들이 끊임없이 출현하는 아카이브는 작업자를 '독자성l'unique'에 대한 성찰로, 개인이라는 역사적 개념[10]에 대한 성찰로, 그리고 역사 속에 잠겨 있는 무명씨들과 당대 사회가 어떻게 연결되어 있는가를 규명해야 한다는 어려운 과제로 이끈다.

일화의 열거는 아무것도 설명해주지 못하는 무익한 작업 방식이다. 낯선 것을 선호하는 취향도 무익하기는 마찬가지다. 아카이브를 바라보는 시선을 오히려 왜곡시키는 것이 그런 이국 취향이다. 아카이브 작업자는 진술의 언어에 바

---

6   AB 11929, 1757년 자료.

7   (옮긴이) 수난당하는 예수 그리스도를 가리킨다.

8   AB 11923, 1756년 자료.

9   AN X2B 1367, 1750년 자료.

10   Carlo Ginzburg, *Le Fromage et les Vers. L'univers d'un meunier au XVIe siècle*, Paris: Flammarion, 1980, p. 15. [*Il formaggio e i vermi*(1976).]

짝 다가가서 통상적 사건과도 다르지만 예외적 사건과도 다른 특별한 사건을 섬세하게 분석해야 하고, 특별한 사건을 서사화할 수 있는 화법(특별한 사건의 불균질한 측면들을 복원하는 화법, 특별한 사건의 독자성을 부각시키는 동시에 다른 사건들과 연결될 가능성을 부각시키는 화법, 재구축하면서 동시에 해체하는 화법, 같음과 다름을 자유롭게 넘나드는 화법)을 찾아내야 한다. 아카이브가 포착한 인간, 곧 "역사와 엉켜 있지만, 역사 밑에 깔려 있는 것도 아니고 역사 속에 녹아 있는 것도 아닌"[11] 인간을 그려낼 때는 반드시 버려야 하는 것과 꼭 필요한 것이 있다. 반드시 버려야 하는 것은 연구 대상을 보편화하는 시각이고(평균적 개인이라는 아무 의미 없는 개념이 작업의 척도가 되어서는 안 된다), 꼭 필요한 것은 각자가 본인의 공간을 확보하기 위해 벌이는 세세한 각축을 수면 위로 떠올리겠다는 의지다.

"여러 역사les histoires를 지지한다는 것,"[12] 여러 역사를 아우를 수 있는 한 역사l'histoire를 구상한다는 것은 각자가 자기의 역사적·사회적 소여를 이용해 능동적 주체가 되는 과정을 보여주고자 한다는 것이다. 바로 이 과제를 짊어진 작업자

---

11   Michel Foucault, *Les Mots et les Choses*, Paris: Gallimard, 1966, p. 380.

12   François Dosse, "Foucault face à l'histoire," *Espace-Temps*, no. 30, p. 5.

를 만났을 때 비로소 아카이브의 증언들과 조서들은 각자가 다른 사회집단들과 우호적으로 혹은 갈등적으로 접촉하면서 자기의 자유와 자율을 지켜나가는 지점들을 조명해준다. 누군가의 역사un histoire가 이른바 사회의 총체에 대한 기존의 지식을 흐트러뜨리는 경우도 있지만, 그 누군가의 모습을 떠올리려면 그 누군가가 사회라는 총체에 속하는 집단들과 접촉하는 모습을 떠올릴 수밖에 없다.

특별한 사건에 관심이 있으려면 한 사람 한 사람이 다른 사람들과 어우러지는 양상에 관심이 있어야 하는데, 이러한 관심의 동력이 그저 아카이브의 사건 자료 그 자체냐 하면 그렇지는 않다. 사건에 대한 관심은 실은 지난날과 함께 오늘날을 읽어내겠다는 의지에서 비롯된다. 우리가 저마다 규범을 넘나들 수 있는 수많은 전략들, 규범을 어기지 않을 수 있는 복잡한 노선들을 마련하는 것은 당하고 견디는 삶이 아닌 모색하는 삶, 연대하고 대결하는 삶을 살기 위함이다. 세계에 전망이 있다면, 현실에 존재론이 있다면, 아무것도 물화시키지 않겠다는 그 강경한 의지 속에 있을 것이다. 그때의 말들과 마찬가지로 지금의 말들도 어떤 가능성의 매체가 되고 싶다는 희망을 그 의지에 걸고 있을 것이기에.

의미 있다는 것과 진실하다는 것

요컨대 단순한 역사, 안정적 역사란 존재하지 않는다. 아카이브를 사회 관측기구로 삼을 방법은 조각난 지식의 무질서함을 받아들이는 것, 불완전하게 재구성된 불명료한 사건들이라는 수수께끼를 마주하는 것뿐이다. 작업자는 아카이브의 드문드문함 사이에서 없던 길을 터야 하고, 아카이브의 더듬거리는 답변과 불언不言으로부터 없던 질문을 만들어내야 한다. 만화경은 눈앞에서 자꾸만 형태를 바꾼다. 한순간 눈앞에 나타난 이미지는 명확한 가설로 굳어지기 전에 사라진다. 영롱히 빛나는 이미지는 순식간에 다른 이미지가 되어 다르게 빛난다. 다른 이미지가 나타나는 데는 아주 작은 흔들림만으로 충분하다. 아카이브의 의미는 바로 그런 만화경 이미지처럼 역동적이면서 무상하다.

다들 알다시피, 과거에 있었던 일들에 언제나 똑같은 의미가 있는 것은 아니다. 아카이브에서도 배울 수 있는 교훈이다. 아카이브라는 약한 기억은 역사가가 주제를 선택하고 논거를 발견하는 데 필요한 자료일 뿐이다. "한 주제를 고찰하는 역사가는 그 주제의 고찰에 필요한 역사를 구축해야 한다. 그런 구축 작업에는 다른 분과학문들도 필요하다."[13] 저절로 의

13   Jacques Revel, "Une oeuvre inimitable," *Espace-Temps*, Braudel
      dans tous ses états, p. 14.

116

미화되는 아카이브란 존재하지 않는다. "자료가 말해줄 수 있는 것은 자료를 작성한 사람의 생각을 벗어날 수 없다. 다시 말해 자료는 자료 작성자가 무슨 일이 일어났다고 생각했는지, 무슨 일이 일어나야 한다고 생각했는지, 무슨 일이 일어날 수밖에 없다고 생각했는지, 거기까지밖에 말해줄 수 없다. 좀더 야박하게 말하자면, 자료는 자료 작성자가 자기 생각이라고 생각했던 것, 아니면 다른 사람들이 자기 생각이라고 생각해주기를 바랐던 것까지밖에 말해줄 수 없다. 역사가가 아카이브 작업에 착수해 의미를 읽어내기까지 아카이브에는 아무 의미도 없다는 뜻이다. 아카이브에서 발견된 사실이든 다른 곳에서 발견된 사실이든, 역사가가 어떤 사실을 어떻게든 이용할 수 있으려면 일단 그 사실을 자료화해야 한다. 얄궂은 표현을 쓰자면, 그 사실은 처리 과정을 거쳐야 한다."[14]

이해한다는 것은 쉬운 일이 아니다. 이해라는 과제에는 요구되는 조건들이 있듯 버려야 하는 착각들이 있다. 역사가는 이야기를 들려주는 사람이기도 하지만, 설명하고 주장하는 사람이기도 하다. 역사가는 다른 사람들이 자기 이야기를 반박할 수 있다는 것을 알고 있는 사람, 그래서 자기 이야기가 왜 진실한지 그 이유를 길게 늘어놓는 사람이다. 그러니

---

14   Edward Hallett Carr, *Qu'est-ce que l'histoire?*, Paris: La Découverte, 1987, p. 62. 〔*What Is History?* (1961).〕

역사를 이해하고자 할 때 가장 먼저 버려야 하는 착각은 역사가 궁극적 진실을 들려주는 이야기라는 착각이다. 역사는 세부적으로 검증 가능한 진실 담론을 세우려고 하지 않는 어법, 정격(학문적으로 엄정한 형식)과 논증(진실성과 개연성을 기준으로 삼는 내용)이 결합된 이야기를 들려주는 어법이다. 시인이 창조하는 사람이라면, 역사가는 논증하고 설득하는 사람, 과거의 관계 양식을 재규정하기 위해 당대 사회의 재현물과 함께 연구자 본인의 가치 체계와 규범 체계를 동원하는 사람이다. 역사의 목적은 물론 과거의 한 시대, 한 사회를 아는 것이지만, 과거를 그렇게 알려면 과거를 이루는 연속체들과 단절면들을 학문적으로 엄정한 형식에 따라 충분히 있을 법한 내용으로 구축해야 한다. 역사가는 없는 이야기를 지어내는 우화 작가가 아니다. 역사가가 미셸 푸코처럼 "내가 써온 모든 글은 픽션이고, 나도 그 사실을 십분 의식하고 있다"고 말한 뒤에 "하지만 픽션이 진실의 기능을 하게 하는 것은 가능하리라고 생각한다"고 덧붙일 수 있는 것은 그 때문이다.[15]

보편적이어야 한다는 착각, 총체적이고 결정적인 진실을 보편적으로 재구성해야 한다는 착각을 깨뜨리는 것은 좋다. 하지만 진실을 배제해서는 안 된다. 진실을 경멸해서는

---

15   피나Lucette Finas와의 대담. Maurice Blanchot, *Michel Foucault tel que je l'imagine*, Fata Morgana, 1986, pp. 46~47에서 인용.

더더욱 안 된다. 그리고 무엇보다도 진실을 왜곡해서는 절대로 안 된다. 보편적 진실에 매달리면 안 된다는 명령과 그럼에도 진실함을 버려서는 안 된다는 명령 사이에 난 길은 좁은 길일 때가 많다. 아카이브는 두 명령을 따르면서 두 명령을 같은 편으로 만들 수 있는 곳이다. 아카이브는 이론적, 추상적으로 구축된 인식 앞에 작은 존재들과 사건들의 무게를 들이댐으로써 전통적 지식에 사소하면서도 자명한 '실재'의 구멍을 내기도 하고, 사람들이 짓는 표정과 사람들이 겪는 고통, 고통받는 사람들의 움직임émotions[16]과 그런 움직임을 통제하기 위해 만들어진 공권력을 인식하게 해주기도 한다(당대 사회의 전체 구조를 설명해야 하는 단계로 넘어갔을 때 반드시 필요한 인식이다). 근본적으로 아카이브는 추상적 명제의 연구, **이론** 연구라는 쉬운 길로 도망치고 싶어 하는 역사가의 소매를 붙드는 곳이다. 아카이브는 과거라는 상징적, 학문적 구축물을 수리할 수 있는 곳이라는 의미에서 일종의 매트릭스다. 이 매트릭스는 이미 존재하는 하나의 진실"la" vérité을 근거 지어주는 것이 아니라 거짓에서 멀어지는 방식으로 진실에 가까워지는 담론을 세우는 과정(알고 있던 것이 착각이었음을 깨닫는 과정과 알고 있던 것이 맞았음을 확인하는 과정 둘 다)에 필요한 자료를 내준다. 아카이브라는 매트릭

---

16   (옮긴이) 감정이라는 뜻과 함께 폭동이라는 뜻이 있음을 이용한 말놀이.

스는 복잡한 담론을 휘두르는 공권력에 갑작스럽고 막연한 몸짓gesticulations[17]으로 저항하는 보통 사람들의 운명을 느끼게 해준다. 아카이브 그 자체는 다른 자료들에 비해 더 실재적이지도 덜 실재적이지도 않지만, 아카이브에서 공권력의 구체적 조치와 충돌함으로써 아카이브 자료가 된 사람들의 구체적인 삶을 따라가는 역사가는 사람들의 떨쳐 일어나는 힘과 공권력의 애써 짓누르는 힘을 왜곡하지 않는 이야기, 다시 말해, 그렇게 버젓이 기록되어 있는 실재의 작은 조각들을 외면하지 않을 수 있는 이야기를 구상하게 된다. 이런 이야기를 구상하는 역사가는 말하지 않는 것들이나 말할 수 없는 것들 너머에서 작동하는 개인적, 사회적 전략들을 짚어내고 정리한 뒤, 역사가 본인이 자료를 어떤 해석 틀에 따라 읽고 정리했는지를 설명한다. 역사를 이야기할 때 어떤 해석 틀을 동원했는가를 성찰하는 것이 이로써 가능해진다.

아카이브 작업자는 우선 본인이 어떤 틀에 따라 자료를 읽었나를 설명해야 한다. 심문 결과가 왜곡되지 않으려면 심문 과정이 충분히 투명해야 하는 것과 마찬가지다. 아카이브 작업자는 아카이브라는 진술자로부터 그 어떤 상호 모순적인 자백이든 끌어낼 수 있는 만큼, 심문 과정을 밝히는 일은 아카이브 연구의 선행 요건 중 하나다. 결론부터 말하겠

---

17   (옮긴이) 몸의 움직임이라는 뜻과 함께 무력시위라는 뜻이 있음을 이용한 말놀이.

다. 역사란 과거를 현재의 가치 기준과 필요에 따라 재해석하는 영원한 과정이라는 역사 개념을 가지고 있는 것과, 유해한 이데올로기를 뒷받침하기 위해 과거에 있었던 사실들을 없었다고 우기는 것은 완전히 별개의 일이다. 어떤 순간에는 상대에게 반박 불가능한 진실들(하나의 보편적 진실이 아닌 '각자의' 진실), 은폐당하거나 전복당해서는 안 될 온전한 형태의 실재들을 들이대야 한다. 어떤 순간에는 증거를 토대로 오류를 바로잡아야 한다. "기억이 암살당하는" 사태를 막기 위해서다.[18] "역사의 완성은 영원히 불가능하지만 […] 이 지난 일들, '실재했던 일들,' 정말 일어났던 일들에 매달리지 않는다면 어디에 매달리겠는가?"[19]

최근 한 역사학회에서 폴 리쾨르Paul Ricoeur는 이렇게 말했다. "실제로 일어난 일의 칼날, 사건의 칼날을 무디게 해서는 안 된다."[20] 여전히 경악과 트라우마를 불러일으키는 사건이라면 더더욱 그렇다. 과거에 일어났던 사건들 중에는 이야기récit

18   Pierre Vidal-Naquet, *Les Assassins de la mémoire*, Paris: La Décourverte, 1987.

19   Pierre Vidal-Naquet, "Lettre," *Michel de Certeau*, Centre G. Pompidou, 1987, pp. 71~72.

20   1988년 6월 22일에 사회과학고등연구원École des hautes études en sciences sociales의 샤르티에Roger Chartier와 아르토그François Hartog가 기획한 연구 행사 "폴 리쾨르를 중심으로Autour de Paul Ricoeur"에서 나온 리쾨르의 발언. 발언자 본인의 허가를 받은 인용이다.

로 되살리지 않으면 안 되는 끔찍한 사건들이 있다. 그런 사건을 이야기할 때는 사건에 진지한 태도로 임하는 서사narration가 필요하다. 여전히 '문화 공동체의 기억mémoire culturelle' 속에 살아 있는 사건이라면 더더욱 그렇다. 예컨대 아우슈비츠는 그런 근본 사건 중에서도 '부정적 근본 사건événement fondateur négatif,' 다시 말해 반드시 기억되어야 하는 사건이자 결코 왜곡되어서는 안 되는 사건이다. "역사는 실재를 반영하는 방식이 아니라 실재의 구성 성분들을 배치하는 방식으로 실재와 관련되는 것"[21]이라고 하더라도 그 배치는 진실이라는 확고한 자격을 갖춘 배치여야 한다. 역사 속의 모든 사건들에 해당되는 말이지만, 한 사회 전체의 살아 있는 기억을 구성하는 사실들을 다룰 때는 이 말이 결정적 의미를 띠게 된다.

가스실이라는 것이 존재한 적이 없다는 식의 주장을 펴는 포리송[22]의 역사를 인정할 수 없는 것은 그 때문이다. 그런 식으로 과거의 사건에 대한 새로운 이야기를 만들어내는 '수정주의적' 역사는 살인자가 "고통과 죽음의 실재성을 제거하

---

21   1988년 6월 22일의 같은 행사에서 나온 샤르티에의 발언.

22   (옮긴이) Robert Faurisson(1929~2018): 홀로코스트의 역사를 부정하는 주장으로 악명을 떨친 역사가. 이 책『아카이브 취향』이 출간된 것은 1989년, 프랑스에서 게이소법Loi Gayssot(반인도적 범죄의 존재와 규모에 회의를 표하는 행위를 불법으로 규정하는 법)이 통과된 것은 1990년, 포리송 교수가 이 법에 따라 파면된 것은 1991년이다.

기 위해" 퍼뜨리는 역사다.[23]

지금도 여전히 영향력을 행사하는 근본 사건이라는 점은 프랑스 혁명도 마찬가지다. 단 프랑스 혁명은 근본 사건 중에 긍정적 근본 사건이다. 프랑스 혁명과 프랑스 혁명을 다루는 역사가들 사이에 이상한 관계가 생기는 이유도 프랑스 혁명이 공동체의 기억mémoire collective에 아직까지 영향력을 행사하는 에피소드이기 때문이다. 예컨대 일부 역사가들은 공포정치와 유혈 진압의 프랑스 혁명이 프랑스 역사상 가장 수치스러운 에피소드 중 하나임을 증명해내고자 한다. 방데 내전 논의에서 '제노사이드génocide'라는 말을 사용하는 데도 주저함이 없다. 그들이 엄정성을 잃고 감정에 휘둘리는 역사를 써내기 위해 진실을 일그러뜨리고 더럽히면서 관련 사실들을 기만적으로 이용한다는 점은 짚고 넘어가야 한다. 이런 식의 작업에 동원된 인식은 자기 인식과 함께 파탄을 맞는다. "타자의 텍스트에 거하기"(폴 리쾨르의 표현)를 외면한 작업이었던 탓이다.

1793년부터 1797년까지 계속된 방데 내전을 예로 들어보자. 이 에피소드를 가장 잘 정리한 연구는 관련 사실들과 통계들을 수집하는 데 그치지 않고 이 필요불가결한 정지 작업을 토대로 사건의 흐름에 대한 설득력 있는 해석을 제안하

---

23   Vidal-Naquet, "Lettre."

는 데까지 나아간 연구, 예컨대 장-클레망 마르탱Jean-Clément Martin의 『방데 내전과 프랑스 혁명*La Vendée et la France*』(Le Seuil, 1987) 같은 연구다. 저자의 논점은 방데 반란이 혁명정부의 트라우마였다는 것, 혁명 과업 일체를 부정당했다는 충격이 가혹한 진압을 낳았고, 혁명정부의 가혹한 진압이 자기네가 가진 힘을 전혀 모르고 있었던 한 지역의 결집을 낳았다는 것이다. 저자가 아카이브를 토대로 최대한 논증해내고자 하는 점은 사건을 사건으로 만들려면 표상 속에 재삽입해야 한다는 것(새로운 표상이 사건에 힘을 보태기도 하고 사건을 차단, 약화시키기도 한다는 것), 방데 내전은 사건이 의식에 미치는 파장의 소용돌이 속에서 진행된 사건이었다는 것(혁명정부가 사건에 그 정도의 상징성을 부여하지 않았다면, 방데 내전이 그토록 폭력적으로 비화되지는 않았으리라는 것)이다. 이 저작의 장점은 실제로 일어난 사건들을 확인하는 일과 사건들이 꼬리에 꼬리를 물고 이어지면서 끝없이 비화된 과정 전체에 의미를 부여하는 일 사이에서 균형을 잃지 않는다는 데 있다.

책이든 아카이브든 어느 한 자료가 무슨 진실의 결정적 증거가 되어주는 일은 거의 없다. 자료란 없어진 언덕의 잔구 butte témoin 같은 것이고, 자료의 의미란 나중에 특정한 질문들을 통해 밝혀지는 그 무엇이다. 역사가가 익히 알고 있듯, "지식의 타당성은 목적의 타당성에 좌우된다."[24] 역사가의 길은 역사가 본인의 선택이 중력으로 작용한다는 자각과 역사란 있었던 사실의 객관적 편찬이라는 이론의 불가능성 사이에 나 있는 매우 좁은 길이다.

일단 이런 점이 부각되고 나면, 의미 찾기는 보물찾기 같은 자명성을 잃게 된다. 역사가는 이야기들, 사실들, 사건들의 무질서 밑에서 의미를 찾아 나가야 한다. 대중 행동 comportements populaires 연구자가 자료에서 의미를 찾아 나가는 방법 중 하나는 대중 세력과 상대 세력 각각의 구체적 행동과 언술 밑에 깔려 있는 행동과 언술의 논리 전반을 뒤쫓는 것이다.

대중의 의사표현

아카이브를 토대로 대중 행동의 역사를 세워나가는 역사가가 물화를 피하는 방법은, 사회 세력들의 감정적, 정치적 관행과 관련된 세부 정보들을 모으는 작업이 그들의 행동 논리와 언술 논리를 찾아내는 작업으로 이어져야 함을 받아들이는 것이다. 대중 육체corps populaire의 행태들과 태도들을 묘사하는 것만으로는 작업을 끝낼 수 없다는 뜻이다. 업장이

---

24   Carr, *Qu'est-ce que l'histoire?*, p. 75.

나 길거리나 술집에서의 삶을 노동 조건, 또는 의식주 양식으로 축소해서는 안 된다. 일상의 관행은 생각들과 전략들의 결과물, 곧 거부, 굴복, 동경과 기피, 합리적·성찰적 선택, 그리고 무엇보다도 정당성에 대한 욕구로 이루어져 있는 문화 양식들의 결과물인 까닭이다. 아카이브라는 가공되지 않은 자료는 사회적 형세를 재구성하게 해주는 것을 넘어 보통 사람 l'homme de la rue과 보통 사람의 이미지 사이에 존재하는 간극을 가늠할 수 있게 해준다. 진술의 내용들과 표현들 속에는 진술자의 일상을 엿보게 해주는 것을 넘어 그런 일상에 대한 진술자 자신의 생각을 엿보게 해주는 특별한 순간들, 보통 사람이라고 해서 본인이 하는 행동, 생각, 말을 그대로 믿는 것은 아님을 엿보게 해주는 중요한 순간들이 있다. 아카이브의 가치가 여기 있다. 아카이브 작업자는 사회적 형세에 대한 묘사를 넘어 대중 계층의 사고방식에 대한 이해를 시도해볼 수 있다. 자기 계층의 삶을 지배하는 조건들 하에서 나타나거나 만들어지는 의미를 추구하면서 의미 망과 해석 틀을 형성해나가는 일을 멈추지 않는 것은 대중 계층도 마찬가지다. 엘리트는 펜을 통한 자연스러운 의사표현이라는 행운을 누리는 유일한 계층이지만, 교양을 지닌 유일한 계층도 아니고 사고방식과 양심의 분열을 겪는 유일한 계층도 아니다.[25]

25   Jacques Rancière, *La Nuit des prolétaires. Archives du rêve ouvrier*, Paris: Fayard, 1981.

대중 계층은 읽고 쓰기에 서툰 편이었지만, 아무 의사표현 없이 살아갔던 것은 아니다. 관련 자료들이 아카이브 안에 있기는 하지만, 제대로 찾아내려면 상당한 수고가 필요하다. 아카이브 안에서 일련의 태도들을 찾아냈다면, 이런 태도들을 만들어낸 행동 논리를 들여다보려는 노력이 필요하다. 삶의 조건들에 대한 단순한 묘사의 이면을 밝혀내야 하고, 대중문화가 그저 태도들과 행태들과 자극에 대한 반응들의 산물에 불과하다는 생각을 멀리해야 한다. 대중문화는 절대로 그런 것이 아니다.

아카이브에서 대중 행동의 지혜로움(개인들의 판단력과 집단들의 분별력)을 찾는 작업, 곧 대중의 사고방식을 밝혀내고 대중의 사고방식을 지배하는 규칙들을 찾아내고 살아갈 방도를 모색하는 대중 행동들의 적절한 의의를 짚어내는 작업은 사회적 통합 및 분열이 어떠한 사고 체계 및 감정 체계 하에 진행되는지를 이해하는 것을 목표로 삼는다. 인간과 인간 본성 사이, 인간과 인간 행태 사이, 그리고 인간과 인간 행태의 이미지 사이에 놓인 간극을 성찰하는 것을 목표로 삼는다고 말할 수도 있다.

물론 간단한 작업은 아니다. 대중이 공적인 사안에 참여해 역사의 주체가 되기란 불가능하다는 지배층과 엘리트의 확신을 확대 반영하는 것이 형사사건 아카이브인 까닭이다. 하지만 경찰 자료들 중에는 이렇듯 여론이 무용하다는 오랜 확신을 내용물을 통해 반박하는 한 뭉치의 자료가 있다. 파리 치안총감 아카이브[26]에 보관되어 있는 정보원들과 수사관들의 보고서[27](일명 비밀경찰 일지gazetin)가 바로 그것이다.

대중은 생각을 품거나 의견을 밝힐 수 있는 존재가 아니라 그저 신앙과 미신에 휘둘리는 존재라고 지배 계층이 확신했다면, 파리의 떠도는 소문을 염탐하고 파리 사람들의 불평불만을 감시하는 치안 기구가 왜 생겼을까? 이렇듯 한편으로는 대중의 무음화élision를 원칙으로 삼으면서도 다른 한편으로는 대중의 가장 사소한 반응 하나까지 염탐하고 대중의 온갖 들쑥날쑥한 동요를 감시하겠다는 목표를 설정한다는 것, 그것이 18세기의 역설이었다. 정치는 대중이 관여할 사안이 아니라는 말이 도처에서 들려오기도 했다. 공론opinion publique의 필요성에 관한 활발한 논쟁에서는 계몽된 집단의 여론을 인정했을 뿐,[28] 대중의 여론opinion populaire을 인정한 것은 아니었다.[29] 콩도르세에 따르면, 여론은 "가장 어리석고

---

26   1667년 파리에서 치안총감lieutenant général de police이라는
      직위가 만들어지면서 경찰 조직 전체가 치안총감을 중심으로
      정비되었다. 치안총감 관련 자료는 대개 아스날 도서관에
      보관되어 있다.

27   AB 10155~10170, 1724~81년 자료.

28   Jürgen Habermas, *L'Espace public, archéologie de la publicité comme
      dimension constitutive de la société bourgeoise*, Paris: Payot, 1978.
      〔*Strukturwandel der Öffentlichkeit*(1962).〕

29   18세기 공론을 주제로 한 연구로는 Keith Michael Baker, "Politique

가장 불행한 사람들의 생각일 뿐"[30]이었다. 대중의 사고가 불합리하다는 확신에는 한 가지 전제가 깔려 있다. 대중은 빈곤과 노동이라는 제약을 벗어날 수 없는 계층이고, 따라서 육체적·물질적 필요와 직결되지 않은 것들에 관여할 능력과 기회가 없다는 전제가 그것이다.

    파리 치안총감 아카이브는 이 강고한 확신을 형식과 내용 둘 다로 반박하는 듯하다. 세간의 소문이 왕의 큰 관심사였다는 것을 아카이브의 존재 그 자체가 보여주고 있다. 왕은 치안총감을 매주 접견했는데, 치안총감이 모든 '날파리들 mouches'[31]과 비밀 정보원들을 파리 곳곳의 군중 사이에 침투시켜서 온갖 소문들을 모아 오게 만들었던 일차적 이유는 그

    et opinion publique sous l'Ancien Régime," *Annales ESC*, janvier-février 1987; Roger Chartier, "Culture populaire et culture politique dans l'Ancien Régime," *French Revolution and the Creation of Modern Political Culture*, vol. I, *Political Culture of the Ancient Regime*, Pergamon Press, 1987; Sarah Maza, "Le Tribunal de la nation: Les mémoires judiciaires et l'opinion publique à la fin de l'Ancien Régime," *Annales ESC*, janvier-février 1987; Mona Ozouf, "L'opinion publique," *Political Culture of the Ancient Regime*, Pergamon Press, 1987; Jean Sgard, "Naissance de l'opinion publique"(발표: Colloque Ottawa. Les Lumières du savoir, 1986).

30   (옮긴이) 콩도르세 후작Nicolas de Condorcet은 계몽주의 시대의 대표적 사상가 중 하나다. 인용문의 출처는 *Réflexions sur le commerce des bleds*(1776).

31   군중이 모이는 공공장소에서 신분을 숨기고 활동하는 정보원을 가리킨다.

접견에서 왕에게 최대한의 정보를 제공하기 위함이었다. 물론 왕이 대중의 말을 열심히 들었다는 것을 왕이 대중을 대화 상대로 인정했다는 뜻으로 오해해서는 안 되겠지만, **거꾸로** a contrario 이런 거의 강박적이고 지속적인 대중 사찰[32]이 정치적 결정에 아무런 영향도 미치지 않았으리라고 단정하기도 어렵다. 애초에 치안 기구의 조직 형태 자체가 이렇듯 모든 소문을 알아놓고 모든 불평불만을 들어두어야 할 필요에서 비롯되었다고 말할 수도 있다. 어쨌든 치안총감 아카이브의 존재는 이런 종류의 디테일에 대한 열광적 관심의 증거이자 공공장소에서 무작위로 오가는 대화를 염탐하는 뻔뻔한 취향의 증거다.

정보원들이 도시 순찰 후에 작성한 보고서는 애초의 의도를 그대로 반영하는 내용이고(대형 사건들에 대한 대중의 견해를 조리 있게 정리하는 내용이 아니다), 낱장의 공문 형식이다(제본된 것은 나중이다). 무질서한 내용(소문을 전하는 의미심장한 말들, 악담으로 추정되는 말들과 같이 그때그때 나타났다 사라지는 것들)에 무질서한 형식(그때그때 벌어지는 사건, 또는 그때그때 나타나는 반응을 유일한 리듬으

---

32   경찰이 세간에 떠도는 말들을 강박적으로 보고했다는 사실에 관해서는, 얀센파 관련 형사사건, 풍속·도박장·외국인 감시 등과 관련된 수사 문건들을 참조할 수 있다(보관처: 아스날 도서관의 바스티유 아카이브).

로 삼으면서 급하게 써 내려간 글)이다. 기승전결도 없고 개성도 없고 표현력도 없는 글, 대화의 내용을 취사선택하는 대신 대화의 순간적 흐름을 담고자 하는 글, 발언의 출처를 거의 밝히지 않는 글이다. "혹자에 따르면… 듣자 하니… 한창 도는 소문에 따르면…" 공식적 정보들, 예컨대 전쟁 뉴스나 종교 뉴스, 왕족 여행 등도 정리되어 있지만, 그렇다고 해서 사소한 기록들, 예컨대 술집에서 들리는 대화나 행상이 옮기는 소문의 분량이 줄어들지는 않는다. 빠진 것 없이 다 기록되어 있는 것 같지만, 정말로 그런지 확인할 방법은 전혀 없다. 어쨌든 정보원에게는 모든 것이 기록해둘 만한 정보인 것 같고, 그중에 더 중요하거나 덜 중요한 정보는 없는 것 같다. 화제가 나열되어 있을 뿐 주장도 없고 감정 표현도 없는 글, 소문의 진창 속에서 시간에 쫓기는 정보원이 파리라는 도시에서 느닷없이 나타나는 일들과 말들의 느닷없음 그 자체를 즉흥적으로 재현해내는 글이다.

이런 비밀경찰 일지 아카이브는 의문들과 모순들로 점철되어 있다. 대중의 목소리를 소거하고자 하는 한편으로 대중의 반응과 감정을 끊임없이 염탐하는 왕권 체제의 복잡함을 보여주는 아카이브다. 왕권 프로파간다는 대중의 동의를 얻고 싶어 하면서도 절대로 대중의 동의를 얻지 못할 일에 몰두하고, 비판 여론이 있을 수 있다는 점을 전혀 인정하지 않으면서도 여론의 추이를 집요하게 뒤쫓는다(그런 집요함이 오히려 부지불식중에 비판 여론들을 야기하면서 역설적 상황을 만들어낸다고도 말할 수 있다). 긍정적, 호의적 여론은 유의미하다고 여겨지는 반면, 분노를 표하는 여론은 음험하고 수상하고 무의미하다고 여겨진다. 위르겐 하버마스Jürgen Habermas[33]는 18세기에 '억눌린 평민층 공론장'이 열린 것은 프랑스 혁명 초기의 한순간뿐이었다고 말했지만, 이렇듯 대중의 여론을 추적하는 일을 전담한 경찰의 아카이브가 남아 있는 만큼, 이 아카이브를 그런 공론장에 접근할 통로 중 하나로 볼 수는 없을까?

정치적 절차가 전혀 정비되어 있지 않은 사회, 대중에게 생각할 능력이 있다는 것조차 인정하지 않는 사회, 대중을 상대로 요구하는 것은 정권을 지지하고 폭동을 삼가는 것뿐인 사회에서 정치란 무엇이었을까를 이런 아카이브에서 성찰하는 것은 물론 어려운 과제일 것이다. 게다가 경찰이 열심히 수집한 흉흉한 소문을 정치 발언이라고 명명하는 것은 어려운 과제, 위험한 과제일 것이다. 하지만 작업자는 위험을 감수해야 한다. 아카이브에 작게 조각나 있는 말들이야말로 일상적·사회적 경험을 구체화하는 데 필요한 바탕이고, 그 말들의 무거움이야말로 합리적 존재임을 인정받지 못한 사람

---

33   (옮긴이) 파르주가 하버마스의 공론장 개념을 본격적으로
      비판하는 곳은 Farge, *Dire et mal dire. L'opinion publique au XVIIIe
      siècle.*

들의 합리성을 규명하는 데 필요한 동력인 까닭이다. 아카이브에서 작업자는 사건의 해석 방식들을 탐지할 수 있고, 의견과 판단의 바탕이 되는 표상 체계들을 추론할 수 있으며, 사회적, 정치적 지식의 바탕이자 모색적 행동의 바탕이자 당장의 곤경을 새로운 요청으로 변형시키는 행태 또는 습성의 바탕이 되는 대단히 섬세한 성좌를 발견할 수 있다. 아카이브가 부인하면서 보존하고 있는 그것을 대중의 정치적 판단이라고 부를 수는 없을까? 대중이 특정한 사건(지배층이 대중에게 숨기고자 하는 사건이자 대중의 눈앞에서 의미를 얻는 사건)에 대해서 느끼는 그 관심을 정치적 판단이라고 부를 수 있지는 않을까?

아카이브에 흩어져 있는 소문들을 통해 진행되는 것은 대중의 정치적 판단을 규명하는 작업도 마찬가지다(흩어져 있다는 것은 결점이라기보다는 존재 양식의 반영이다). 대중의 정치적 판단이 특히 중요해지는 때가 있다. 소문이 쏟아져 나오고, 그렇게 쏟아져 나오는 소문이 정보원들의 보고서에서 흘러넘치고, 정보원들은 (항상 그런 것은 아니지만) 이런 기세와 소란과 아우성에 우려를 느끼기도 한다. 그런 소문에는 대개 글이 합세한다. 게시물, 정치 벽보, 낱장 잡보 등이 길거리를 메우면서 소문을 다양한 방식으로 퍼뜨리고, 그렇게 말과 글로 점점 퍼져나가는 소문이 온 도시를 뒤흔든다. 예컨대 1730~36년에 일어난 생-메다르 공동묘지 집단 경련 사건[34]에서도 날파리들이 거의 밤낮으로 동원되었다. 전담 날파리들이 경련을 일으킨 사람들convulsionnaires의 꿈, 대화, 예언 등등을 끊임없이 수집해야 했던 것은 물론이고,[35] 모든 날파리들이 파리 곳곳의 군중 속에서 관련 반응들을 수집해야 했다. 당시의 정황을 간단히 정리해보자면, 왕정 수석국무장관 플뢰리André Hercule de Fleury가 얀센파를 상대로 강력한 공격에 나선 것이 1728년이었고, 사제 300명이 사제직을 박탈당하기 시작한 것이 1730년이었고… 그즈음에 생-메다르 성당의 공동묘지에서 희한한 사건이 벌어졌다. 이 성당의 한 성직자(극히 대중적인 카르티에였던 포부르 생-마르셀[36]의 오두막에서 금욕과 청빈에 헌신하는 삶을 살았던 파리François Pâris라는 이름의 얀센파 부제diacre[37]로, 평생 왕권과 교권에 반감을 품었던 인물)가 세상을 떠난 것이 1727년이었다. 신자들에게 유독 사랑받았던 인물이었던 만큼 여러 추모 행사들이 이어졌다. 처음에는 조용한 모임이었지만 무덤에 모여

34   Catherine-Laurence Maire, *Les Convulsionnaires de Saint-Médard*,
       Paris: Gallimard, 1985; Daniel Vidal, *Miracles et Convulsions
       jansénistes au XVIIIe siècle*, Paris: PUF, 1987.

35   AB 10196~10206. 1720~57년 경찰 자료 중 생-메다르 성당 경내
       정황에 관한 일간 기록.

36   (옮긴이) 파리의 카르티에 중 하나. "고통받는 포부르faubourg
       souffrant"라는 별칭이 있을 정도로 파리에서 가장 가난한 곳 중
       하나였다.

37   (옮긴이) 사제를 보좌하는 최하급 성직자를 뜻하는 표현.

서 기도하는 사람들이 점점 늘어나자 이런저런 기적과 치유의 소문이 돌기 시작했다. 지붕 위에서 외쳐지기보다 입에서 입으로 전해지는 소문이었다.[38] 탄압이 시작되면서 사태는 오히려 더 악화되었다. 공동묘지를 폐쇄하라는 왕명이 내려진 것은 경련을 일으킨 250명이 줄줄이 체포당하고 얼마 후인 1732년 1월 27일이었다. 그날 이후 비밀경찰 일지는 이 사건에 대한 반응으로 가득 차기 시작했다. "온 도시가 …라는 글로 가득하다… 온 도시에 …라는 말뿐이다… 짐꾼들이 떠드는 소리를 듣자 하니… 곳곳에서 흘러나오는 말을 듣자 하니… 사람들이 외치는 말을 듣자 하니…"

　일단은 무슨 소문이 돌고 있는지 알아야 했다. 이 사건이 어떤 방식으로 정리되고 있는지 그 윤곽을 파악해야 했다. 소문이 강도를 더해가고 공동묘지 경내 발언들이 영향력을 더해감에 따라, 얀센파 신문 『누벨 에클레지아스티크*Les Nouvelles ecclésiastiques*』까지 사건 기록에 합세했다. 사건 기록자들이 처음으로 소문의 권위를 인정하기 시작했다. 대중의 여론이 픽션이나 마찬가지라는 생각에서 처음으로 벗어나는 계기가 된 사건이었던 것 같다. 지금은 일단 아카이브 자료에 기록되어 있는 말들에 주목하면서 그곳(공동묘지)에서 구체

38　　(옮긴이) 다음을 참조. "내가 너희에게 어두운 데서 말하는 것을, 너희는 밝은 데서 말하여라. 너희가 귓속말로 듣는 것을, 지붕 위에서 외쳐라"(「마태복음」 10장 27절).

135

적으로 무슨 일이 일어났는가, 어떻게 그곳에서 그런 일이 일어날 수 있었는가에 집중하도록 하자. 공동묘지는 도시 사람들이 익숙하게 오가는 곳, 살아 있는 사람들과 죽은 사람들이 어딘가에서 하나로 연결되어 있음을 암시하는 곳이다. 그래서인지 공동묘지는 어떤 불안한 상상을 자극하는 곳, 집단적 환상과 공포가 만들어지는 곳이기도 하다. 공동묘지에서는 무슨 일이든 일어날 수 있다. 밤에 이상한 소리가 들릴 수도 있고, 연기가 피어오를 수도 있고, 도둑이 암거래를 위해 시체를 훔칠 수도 있다. 산 채로 묻힐 것을 두려워하는 사람들, 숨이 붙어 있는 상태에서 관 속에 갇힐 사태에 대비해 관에 종을 넣어달라고 유언하는 사람들은 또 어떤가? 이렇듯 익숙한 곳, 그러면서도 불안한 곳이 공동묘지지만, 무엇보다도 공동묘지는 성스러운 곳, 침해당해서는 안 되는 곳이다. 공동묘지를 폐쇄하고 공동묘지에서의 성무를 금지한다는 왕명이 대중 사이에서 일종의 왕권모독죄lèse-majesté로 비친 것은 그 때문이다. 왕이 왕권을 모독하다니 그렇게 큰 죄가 어디 있겠는가. 하느님이 성스러운 공동묘지에서 기적을 행하시는데, 왕은 하느님의 뜻에 순종하지 않는다니 그렇게 큰 죄가 어디 있겠는가. 이런 분노 발언들이 정보원들의 보고서에 기록되어 있다. "왕이 하느님의 신비에 끼어들다니, 있을 수 없는 일이다" "성당 공동묘지 앞에 활 든 보초들을 세우다니, 하느님을 욕되게 하는 일이다" "이러니까 왕이 욕을 먹고 종교가 욕을 먹는 것 아닌가" "공동묘지에서 B○○니 F○○니 하는 더러운 말을 입에 담다니, 관리들은 신성함을 존중할 줄 모르는가" "하느님이 왕과 플뢰리에게 큰 벌을 내리실 것이다."[39]

급사자들에 대한 이야기가 돌기 시작했다. 이것은 실제로 있었던 일이다, 이것이야말로 왕명이 파렴치하다는 증거다, 공동묘지 폐쇄라는 죽음 모독 행위는 죽음이라는 벌로 다스려져야 마땅하다, 라는 이야기였다. 이런 식의 괴소문이 입에서 입으로 전해지면서 눈덩이처럼 불어났다. 그런 괴담들도 비밀경찰 보고서에 기록되어 있다. "항간에 떠도는 소문에 따르면 공동묘지에서 활 든 보초 둘이 뭔가 불경스러운 짓을 저지르다가 갑자기 죽었고, 그 자리에서 그대로 땅에 묻혔다" "항간에 떠도는 소문에 따르면 치안총감이 파리 신부님의 시체를 파내려고 한밤중에 석공 둘을 데리고 생-메다르 공동묘지로 들어갔는데, 한 석공은 곡괭이를 치켜드는 순간 몸이 뻣뻣해지면서 쓰러져 죽었고, 세르비아Serviat라는 이름의 다른 석공도 며칠 뒤에 갑자기 죽었다" "소문에 따르면 교회의 높으신 분들이 갑자기 죽는 것이 다 그렇게 나쁜 짓을 저지른 데 따른 벌이다." 왕의 죽음을 입에 담는 사람도 있었고, 앙주 공작[40]의 죽음을 이 사건과 연결하는 사람도 있

---

39   AB 10161.

40   (옮긴이) Philippe de France(1730~1733): 루이 15세Louis XV의 아들. 병약한 왕자를 보살폈던 여자들이 미신을 맹신해, 왕자의

었고…

공동묘지라는 신성한 장소를 모독하는 죄를 지었으면 벌을 받아 마땅하다, 죽는 것이 마땅하다, 급사하는 것이 마땅하다, 라는 괴담이었다. 괴담에 나오는 죽음이 급사였던 것은 우연이 아니다. 갑자기 죽으면 지은 죄를 뉘우칠 방법이 없으니 급사는 용서받지 못할 죄를 지었다는 확실한 증거다,[41] 급사는 하느님이 내리시는 벌이다, 라는 것이 18세기의 속설이었다.

꼬리에 꼬리를 물고 확산되는 험악하고 비판적인 발언들이 술집이나 거리에서 나직이 떠도는 증명 불가능한 괴담들을 통해 정당화되었다. 똑같은 테마가 되풀이된 것은 하나의 진실을 뒷받침하기 위함이었다. 잘못이 왕에게 있음을 하느님이 증명하신다는 진실.

파리 사람들이 사회생활에서 실제로 겪었던 주요 사건들과 파리에서 가장 자주 화제에 올랐던 잡보 내용들이 서로 조응하는 경우가 많았다. 길에서 팔리는 무수한 낱장 잡보들에 실린 기담과 참사가 실제 사건들을 생각하는 데 필요한 이런저런 틀을 제공해주었다고도 할 수 있다. 종교적, 경제적, 정치적 사실과 잡보의 내용이 일대일로 조응했다기보다는

음식에 생-메다르의 흙을 너무 많이 섞어 먹인 것이 사인이 되었다.

41   Robert Favre, *La Mort au siècle des Lumières*, Presses universitaires de Lyon, 1978.

대중이 모종의 조응 체계를 마련했다고 해야 할 듯하다. 잡보의 서사 형식은 사건에 대한 직접적 영향력이 없는 대중이 사건을 이야기하는 수단이었고, 비유와 알레고리라는 잡보의 의미화 방식은 대중의 믿음을 승인해주고 대중의 진실을 지지해주는 무기였다.

이 역설적인 아카이브에는 공권력이 한편으로는 부정하면서 다른 한편으로는 무슨 수를 써서라도 알아내고자 한 것들, 예컨대 염탐한 대화, 떠돌던 괴담 등등이 보관되어 있다. 그렇게 이곳에 보관되어 있는 순간들, 장소가 사건을 만드는 모습들, 시작되어 아직 종결되지 않은 표상들과 행동들은 사회 경험과 의사표현의 형태들이기도 하다. 이렇듯 아카이브는 어떤 모양으로 세워질지 좀처럼 예측할 수 없는 역사의 공사 현장이다. 역사가가 이런 아카이브를 제대로 읽어내려면 사건이 다 끝난 뒤에 어느 쪽이 근대적이고 어느 쪽이 전근대적인지를 조목조목 설명하는 지배층 지식의 길에서 벗어나, 사건에 참여함으로써 자신의 행동 방식을 직접 개척해가는 사건 당사자들의 길로 들어서야 한다. 지배층이 온갖 수단과 방법을 동원해 사건 당사자들로부터 숨기고자 하는 사건의 의미를 쟁취해야 하는 것은 물론이다. 아카이브를 제대로 읽어낼 줄 아는 역사가는 사건의 구체적 양상에 주목한다. 사건을 구축하는 동시에 해체하지만 사건의 형체를 무너뜨리거나 망

139

가뜨리지는 않으며, 사건의 의미를 끊임없이 모색하지만 사건에 '역사가 자신'의 의미를 덧씌우지는 않는다. 아카이브는 역동하는 인물들, 작용과 반작용, 변신과 충돌 사이에서 끊임없이 움직이는 능동적 인물들을 엿보게 해준다. 아카이브에서 역사가가 할 일은 바로 그 역동을 포착하는 것, 이미 알려져 있는 사실들 안으로 파고 들어가 사회관계의 움직임을 이해하는 것, 추상적 범주에 집착하는 대신 그렇게 움직이고 시작되고 종결되면서 바뀌어가는 것들을 규명해내는 것이다.

필사자료 목록대장 열람실은 거대한 무덤 같다

필사자료 목록대장 열람실은 거대한 무덤 같다. 난방 시설이 없어서이기도 하고, 높은 천장에서 내려오는 축축한 냉기 탓이기도 하다. 감옥 같기도 한 것은 목록대장으로 뒤덮인 열람실 벽면을 따라서 길게 놓여 있는 회색 철제 책상들 탓이다. 목록대장에서 열람을 원하는 필사자료의 청구번호를 찾을 때는 이 책상들을 이용한다. 열람실 중앙에 있는 책상은, 모양은 다른 책상들과 똑같이 금욕적이지만 크기는 다른 책상들에 비해 약간 큰 것 같다. 근무 중인 사서가 무표정하게 앉아 있는 곳이다. 정원이 내다보이는 열린 십자가형 창문과 가까운 자리에서는 수서 담당 사서가 목록대장의 모든 페이지에 공들인 필체로 숫자를 써넣는 중이다. 말소리는 전혀 들리지 않는다. 입가에 미소를 띤 사람이나 아주 낮은 목소리로 뭔가를 되뇌는 사람도 거의 없다. 종이가 바스락거리는 소리가 일정하게 들려오고, 쌍여닫이 출입문 위쪽 벽에 걸린 시계는 시간이 맞지 않는다. 에스파냐의 여왕들과 남왕들을 책장 같은 관에 넣어놓은 엘에스코리알[1]의 묘실에서 오래전에 멈춘 시간

---

1   (옮긴이) 마드리드 교외에 위치한 산로렌소 데 엘에스코리알을 가리킨다.

이 현실의 시간과 다르듯, 이곳의 시간도 현실의 시간과 다르다. 에스파냐의 어두운 계곡에 그 나라 왕족이 대대손손 묻혀 있듯, 이곳 마레[2]에는 과거의 흔적이 묻혀 있다. 이렇듯 마레의 마우솔레움을 피레네 산맥 너머의 또 다른 마우솔레움에 비유하고 있는 사람은 이곳에 들어올 때마다 엘에스코리알에서의 기억을 떠올리는 한 여자다.

　오늘은 근무 중인 사서에게 어줍게 도움을 청하는 한 청년이 눈에 띈다. 병든 아버지를 위해 족보를 만들고 싶다고 청년은 말한다. 평소에도 어깨를 좀 움츠리고 다니는데, 이곳의 딱딱한 분위기 탓인지 평소보다 더 움츠러든 모습으로 용기를 발휘해 사서가 가리키는 방향을 겨우 쳐다보고 있다. 밤색 가죽 책가방을 계속 어색하게 둘러멘 채다. 아주 낮은 목소리로 뭔가 이야기하면서 등 뒤에서 목록대장 한 권을 꺼내서 펼쳐든 사서는 한 개의 대문자와 여러 개의 숫자로 이루어진 청구번호들을 한 줄 한 줄 짚어 보여준다. 그러고는 청년을 데리고 열람실에서 가장 길이가 긴 목록대장 책장 앞으로 가더니 주저 없이 예닐곱 권의 목록대장을 골라내서 한 권씩 펼치고 좀 전과 마찬가지로 청구번호들의 세로 기둥을 한 줄 한 줄

2　　(옮긴이) 파리의 3구와 4구에 걸쳐 있는 지역. 18세기까지 귀족 구역이었다가 프랑스 혁명 이후로 유대인 중심의 상업 지역이 되었고, 지금은 프랑스 LGBT 문화의 메카로 알려져 있다. 마레marais는 수렁이라는 뜻이다.

짚어 보이면서 뭔가 설명해준 다음 책상에 잘 내려놓기를 되풀이한다. 청년은 책가방을 든 채 모든 말을 경청한다. 사서가 원래 자리로 잠시 돌아가 베이지색 구두상자 안에 빽빽하게 정렬되어 있는 목록카드를 살펴보는 동안, 청년은 아직 금고를 여는 법을 찾지 못했거나 금고를 여는 법을 찾아내기까지 시간이 얼마나 더 걸릴지 모르는 탐침 같은 표정으로 출입문 위쪽의 추시계를 쳐다본다. 시곗바늘이 움직이지 않는다. 사서는 청년에게 돌아와 귓속말로 두어 마디 속삭인 뒤 돌아간다. 사서가 책상에 두고 간 목록대장들과 함께 남겨진 청년은 드디어 책가방을 내려놓고 백지 한 장을 꺼낸 다음 자리에 앉아서 목록대장들을 한 권 한 권 읽기 시작한다. 청년의 시선은 책장 위를 이리저리 배회한다. 이따금 다른 이용자들을 물끄러미 쳐다보기도 한다. 확인할 것이 있어서 잠시 들렀을 뿐이라는 표시로 초록색 칩을 들고 있는 이용자를 저런 표정으로 쳐다보다니 부러운가 보다, 라고 청년을 쳐다보고 있는 여자는 짐작해본다. 청년은 그렇게 한자리에서 계속 메모를 작성해나간다. 점점 열띤 속도로 적혀나가는 청구번호가 청년의 백지를 검게 뒤덮는다. 이렇게 미로의 입구로 어색하게 발을 들여놓으면서 청년은 덜컥 겁이 난다. 출구를 찾지 못할까봐서가 아니라 이제부터 대출을 신청해야 하는 어지러운 종이 골목길들 사이에서 길을 잃을까봐서다.

　일반도서관의 도서목록 열람실은 이곳과는 완전히 다르

143

다. 도서목록은 나무로 된 카드 서랍 안에 들어 있고, 이용자는 동선이 크고 활기가 있다. 카드 서랍을 벌컥 여는 이용자도 있고, 찾는 카드가 없는 서랍을 덜컥 닫는 이용자도 있다. 카드 서랍의 목재는 관을 만드는 나무와는 전혀 다른 밝은색이고, 잠깐의 휴식을 즐기는 이용자들은 긴장이 풀린 표정으로 등을 쭉 펴기도 하고 학계의 근황을 따라잡기도 한다. 입에 연필을 물고 손에 부스럭거리는 백지 세 장을 들고 구두 뒤축으로 바닥을 내리찍으면서 돌아다닌다고 해도 그리 큰 악행으로 느껴지지는 않는다. 기진맥진한 듯 등을 수그린 말 없는 징역수들밖에 없는 다른 열람실에 대면, 도서목록 열람실은 꽤 재미있는 곳이다. 카드 서랍 위에서 둥둥 떠다니는 머리통들도 이색적이고, 들려오는 말소리는 크지 않지만 그리 나직하지도 않다. 긴 다리가 달린 카드 서랍 아래로 이용자들의 날렵하거나 굼뜬 다리가 보이는 도서관도 있다.

'국립기록보관소'의 목록대장 열람실에서는 모든 것이 돌 조각상처럼 멈추어 서 있다. 암호를 모르는 이용자에게는 목록대장 자체가 불가사의한 수수께끼다. 다들 낮은 목소리로 열려라 참깨를 속삭여보지만 동굴 문이 열렸다고 해도 당장 보물이 눈에 보이는 것은 아니다. 도서목록 열람실에서라면 잘 찾아낸 도서 위치 정보 하나가 작업의 결정적 해답으로 가는 열쇠가 될 수도 있지만, 이곳에 가득한 목록대장에서 찾은 청구번호로 도착한 곳은 또 다른 청구번호로 가는 길일 뿐

144

일 때가 많다. 끝을 알 수 없는 길이다. 점점 멍해지는 눈빛으로 이 넓은 우주를 암기한들, *A*부터 *Z*까지 암기하고 심지어 *Z1A*에서 *Z1H*까지 암기해도 숨어 있는 보물들은 순간순간 아스라이 멀어진다. 관록 있는 이용자의 자부심은 한심한 승리에 좌우되곤 한다. 예컨대 우연히 마주친 동료 이용자와의 대화 중에 무심한 듯 *Y 10139*가 *X2B 1354*보다 수서 상태가 훨씬 좋더라는 말을 던질 수 있으면 승리다. 이렇게 보자면 '국립기록보관소'의 목록대장 열람실 이용자는 무덤 관광객이라기보다 수족관 물고기다. 초보 이용자도 한 달 만에 물고기가 된다. 한 달 전에 사서에게 도움을 청했던 청년이 긴장이 풀린 표정, 미소가 어린 표정으로 들어오더니, 빠른 걸음으로 검붉은색의 거대한 목록대장 쪽으로 가서 망설임 없이 필요한 부분을 펼친다. 그러고는 정보 두어 가지를 메모한 뒤 어깨를 펴면서 오래전에 멎은 시계 쪽을 멍하니 쳐다보더니, 대단히 흡족한 표정으로 목록대장을 제자리에 꽂는다. 읽어야 할 필사 자료가 기다리고 있는 열람실로 가기 위해 출입문 쪽으로 걸음을 옮기던 청년은 소심한 태도와 약간 움츠러든 어깨로 겨우 사서에게 말을 걸 용기를 내는 한 다른 청년을 보게 된다. 얼른 고개를 돌리고 밖으로 나온 청년은 전에 이 백골색 복도에서 알게 된 한 친구와 또 마주친다. 반갑게 인사하면서 이제 조금만 더 하면 아버지가 간절히 원하던 족보 정리 작업을 마칠 수 있을 것이라는 근황을 전하던 청년은 무슨 이유에서인지 올여름에 다시 한 번 엘에스코리알에 가서 왕들의 무덤을 보고 오겠다는 말을 덧붙인다… 이 청년을 바라보던 여자의 얼굴에는 미소가 어려 있었다.

❧

그 여자가 분명하다. 웅성웅성하는 소음이 끊이지 않는다. 그 여자가 앉는 근무자 책상을 중심으로 열람실 전체에 터무니없는 기운이 가득하다. 평소 같았으면 정적이 흐르고 있었을 것이다. 어제 같았으면 밀랍 향에 낡은 가죽 장정에서 풍기는 희미한 향이 섞인 독특한 냄새가 열람실 전체에 깃들어 있었을 것이다. 그런데 오늘은 야한 향수 냄새가 열람실을 지배하고 있다. 문을 열고 문지방을 넘는 순간 그 여자의 근무일이라는 것을 알 수 있다. 바로크 시대의 여왕이 무거운 보석을 주렁주렁 달고 큼직한 꽃무늬 드레스를 펄럭거리기라도 한 것처럼, 열람실 전체에 춘분날 바닷가 같은 거센 바람이 불어닥친다. 열람실 맨 뒷줄, 근무자 책상과 가장 먼 자리에 앉아 있다면 모를까, 이 바람을 피할 수 있는 사람은 아무도 없는 것 같다. 이 여자의 극심한 흥분에 부득불 전염된 맨 앞 줄 사람들이 부글부글 끓는 상태라는 것은 쳐들린 고개들, 책장을 마구 넘기는 손들, 의자 다리를 기괴하게 휘감은 발들만 봐도 알 수 있다. 이용자를 상대로 여왕처럼 빼기고 명령하고 언성을

146

높이는 여자. 조치를 요하는 문의는 아예 알아들으려고 하지
않는 여자. 문의를 받는 내내 조간신문을 쥐고 구기는 여자.
때로 기사를 읽고 감정이 격해지는 것 같은데, 한숨을 쉬는 것
인지 욕을 하는 것인지 알기가 어렵다. 근무자가 이렇게 격해
져 있을 때는 건드려봤자 소용없으니, 일단 '정기간행물' 코
너로 후퇴해서 잡지 최근호를 슬슬 훑어보는 편이 낫다. 근무
자의 입가에 옅은 미소가 떠오르면서 좀 훈훈해 보인다 싶으
면 그때 돌아가야 한다.

　이 여자를 찾는 전화가 오는 횟수는 오전에 대여섯 번,
오후에 여덟아홉 번이다. 근무자 책상에 있는 전화와는 다른
전화라서, 멀리 열람실 맨 구석에서 수서 담당 사서가 손으로
수화기 흉내를 내면서 입술로는 소리 없이 "ㅈ·ㅓ·ㄴ·ㅎ·ㅘ"
라고 말하는 방식으로 불러야 한다. 신호를 알아챈 여자는 투
석기의 바위처럼 날기 시작한다. 사람이 일어난다기보다 공
이 튀어 오르는 것처럼 엉덩이가 의자에서 떼어짐과 동시에
두 팔이 책상을 짚음으로써 좀더 높이 쏘아 올려질 수 있게 된
다. 두 개짜리 계단 앞에서 온몸이 폭포수처럼 쏟아지면서 첫
번째 구간이 답파된다. 좀더 빨리 가고 싶은 것인지 아니면 소
음을 최소화하고 싶은 것인지는 모르겠지만, 까치발로 걷는
탓에 골반이 탈구된 것처럼 몸통이 좌우로 기묘하게 흔들린
다. 뛰고 싶은 마음을 억누르고 있기 때문인지, 극도로 좁아진
보폭이 나무 바닥에 힘차게 내리찍힌다. 카펫이 깔리지 않은

147

정숙한 열람실에서 일어난 일인 만큼, 천재지변으로 느껴진다. 전화기가 있는 부스가 가까워진 순간 속도를 낸 여자는 마지막 장책상을 짚어 균형을 잡고 직각으로 방향을 틀면서 계속 달려간다. 여자를 불렀던 사서가 만약의 사고를 방지하기 위해 부스의 문을 열어놓는다. 마지막 활강이 전문적으로 손질한 듯한 곱슬곱슬한 올림머리를 너울거리게 하는 순간, 앞으로 뻗어진 두 팔에 수화기가 쥐어지면서 부스 문이 닫힌다. 팔랑팔랑 날아오르는 종이는 여자가 지나간 흔적이다. 대화의 정확한 내용이 들리는 것은 아니지만 따갑게 떽떽거리는 목소리에 아양이 섞였다는 것 정도는 알 수 있다. 쳐들렸던 고개들이 다시 숙여진다. 다시 집중하기까지 시간이 걸린다. 가는 길이 있었으면 돌아오는 길이 있을 것이라는 당연한 사실이 잠시 잊힌다. 돌아오는 길도 천재지변으로 느껴지기는 마찬가지다. 마지막 구간의 두 계단은 답파된다기보다는 집어삼켜지고, 엉덩이는 의자 위로 격하게 쏟아져 내린다. 아무 불평 없이 기다리고 있던 이용자가 긴가민가한 표정으로 칩을 보여주자, 여자는 거의 고함을 치듯이 그런 하찮은 일을 처리할 사람은 자기가 아니라 다른 사람이라는 뜻을 전달한다. 독특한 여자다.

내일 근무자는 다른 사람이다. 내일이면 이 여자가 그리울 것이다. 너무 조용하고 집중도가 높은 탓에 조심하지 않는다면 졸고 말 테니. 다행히 나이 든 영국인이 세번째 줄에 앉

으면서 무심코 책받침대를 소리 나게 내려놓는 것은 내일도
마찬가지일 것이다. 열람실의 소스라친 어깨들이 여기저기에
서 들썩들썩하는 것도 마찬가지일 것이다.

아카이브라는 해변에 좌초해 있는 삶들을 되살릴 수는 없겠
지만, 되살릴 수 없다는 것이 또 한 번 죽게 만들어도 되는 이
유는 아니다. 이 삶들을 눌러 없애거나 녹여 없애는 대신 이
삶들의 수수께끼 같은 현존으로부터 다른 시간, 다른 장소에
서 다른 이야기가 엮여 나올 가능성을 염두에 두면서 그 밀도
와 형체를 지켜내는 이야기를 구상할 수 있는 사잇길은 대단
히 좁지만 말이다.

　작게 조각나 있는 말들과 행동들을 선호하는 취향은 글
의 리듬, 글의 언어에도 영향을 미친다. 아카이브 안의 작은
조각들에 의지하는 글은 필연적 줄거리가 아닌 개연적 줄거
리로부터 리듬을 발견하게 되고, 새로운 의외의 지식을 내놓
을 수 있으면서 동시에 자신의 무지를 감추지 않을 수 있는
언어를 모색하게 된다. 실제로 일어난 일들이 아니라 일어날
수 있었을 일들을 가지고 역사를 쓰는 것, 일상을 만들어내는
변덕스럽고 어수선한 질서가 사건의 줄거리 사이에서 저절
로 드러나는 역사를 쓰고자 하는 것은 개연성을 얻게 되는 동
시에 잃게 되는 위험한 일이지만 말이다.

　아카이브에서 그런 역사를 쓰려면 아카이브-거울

archive-reflet(현실을 반영한 정보들이 쌓여 있는 곳)과 아카이브-증거archive-preuve(역사가의 논점이 증명되는 곳)를 멀리해야 한다. 아카이브는 그렇게 단번에 처리할 수 있는 자료가 아니다. 그렇다면 아카이브에 알맞은 언어는 어떤 언어일까? 역사가가 그 무수한 도전의 흔적들, 성공들과 실패들의 의미를 모색할 수 있는 언어는 어떤 언어일까? 역사가가 그런 언어를 구사할 수 있다면, 자기가 기록한 사건이 다시 일어나게 만들 수는 없다 하더라도, 언제든 또 일어날 수 있는 사건이라는 뜻을 담아볼 수는 있지 않을까. 나중을 위해서 자유의 자리를 마련할 수 있지는 않을까. 존엄함을 표명하고 슬픔과 고통의 크기를 가늠하는 것이 고작이라 해도, 그런 방법으로라도 자유의 자리를 마련해야 하지 않을까. "역사는 승부가난 뒤에 생긴다"[1]라는 폴 리쾨르의 말에 반대하겠다는 것은 아니지만, 그런 역사를 쓰려면 미완성 취향을 가지고 있어야한다. 모독당한 자유들을 일으켜서 걷게 해야 하고, 닫혀 있는 모든 것을 거부해야 하고, 위세를 부리는 기성 지식을 모두 멀리해야 한다. 언어를 아카이브에서 감지되는 충격의 리듬에 맞출 방법, 언어를 생각의 머뭇거리는 발걸음에 동행시킬 방법이 어딘가에는 있을 것이다. 그런 언어를 찾을 수 있다면, 예컨대 해방의 열망들을 있는 그대로 포착하는 것은 물

---

1   Paul Ricoeur, *Temps et Récit*, tom. I, Paris: Éditions du Seuil, 1983, p. 222.

론이고 비열한 언행들도 있는 그대로 포착할 수 있다면, 그렇게 포착된 것들이 나중에 다른 희망, 다른 전망과 엮일 가능성도 있을 것이다. 그런 언어를 찾을 수만 있다면, 충격을 유발하고 자명성을 깨뜨리고 학문적 지식의 매끄러운 인습성을 배후에서 공격할 방법이 있을 것이다. 의미가 무너지는 지점을 지적하는 방법이든, 확실한 사실이라고 생각되었던 지점에 구멍을 내는 방법이든 역사적 대상이나 사건의 맥 빠진 재구성을 넘어설 방법이 있을 것이다. 의미가 이야기로부터 구축되어야 한다는 과제와 어느 것도 물화되어서는 안 된다는 과제를 동시에 짊어진 아카이브 역사가의 길은 지혜와 논리 사이의 좁은 길, 감정과 혼란 사이의 좁은 길이다.

이 에세이가 마무리되는 지금, 아카이브 취향이 표류 취향이라는 것은 더 이상 비밀이 아니다. 아카이브 취향이 타인의 말들과 함께 표류하는 취향, 타인의 말들에 실려 있는 타당성을 구출할 수 있는 어법을 모색하는 취향이라는 것은 분명하다. 아카이브 취향이 현재의 말들과 함께 표류하는 취향이기도 하다면, 왜 역사를 써야 하는가에 대한 그리 영리하지 못한 한 가지 대답이기도 하지 않을까. 역사를 써야 하는 이유는 죽은 과거에 대해 이야기하기 위해서가 아니라 죽은 과거를 이야기할 어법을 찾아내 "살아 있는 존재들 사이의 대화"[2]에 참여하기 위해서다. 우리가 인간에 대해 그리고 망각 속에 묻힌 것들에 대해 이야기하고 기원과 죽음에 대해 이야기하면서 말이란 말하는 사람 자신이 사회적 갈등에 연루된 방식을 드러내는 징후라는 점을 함께 이야기하는 이 영원한 미완의 대화에 끼어들기 위해서다, 라는 대답 말이다.

2   de Certeau, *L'Écriture de l'histoire*, p. 61.

옮긴이의 글

낯선 역사가에게서 그 역사철학자의 향기가

한 편집자가 학술행사에 참석했다가 누군가의 발표문에 나온 인용문 하나에 꽂힌다. 회사로 돌아온 편집자는 그 인용문이 나오는 책의 판권을 계약하면서 미리 생각해두었던 번역자에게 작업을 의뢰한다. 그런데 그 번역자가 일정상 불가능하다는 답을 보내온다. 편집자는 급히 다른 번역자를 찾기 시작한다.

한 번역자가 유명 출판사의 편집자로부터 *Arlette Farge*의 *Le goût de l'archive*라는 책의 번역 작업을 의뢰하고 싶다는 메일을 받는다. 정확히 말하면, 번역 의뢰 여부를 결정하는 데 필요한 샘플 번역을 의뢰하겠다는 메일이다. 달력을 넘겨본 번역자는 거절할 이유를 찾기 위해 텍스트를 읽기 시작한다. 그런데 어느새 마음이 바뀐다. 대타로 끌려 나온 소개팅에서 첫눈에 반하는 경우도 있을 수 있겠다고 생각하면서 첫 챕터 *"Des traces par milliers"*의 일부를 번역하고 "수많은 흔적들"이라는 제목을 붙인다.

샘플 번역 원고가 검토되고 계약서가 작성되고 계약금이 입금된다.

번역자는 텍스트를 옮기는 한편으로 저자의 초상을 정리

해나간다. 아를레트 파르주의 이력을 소개해놓은 여러 글이 눈에 띈다. 파르주를 "프랑스 최고의 역사가 중 한 명"이라고 평한 글도 발견된다.[1] 국내에 『사생활의 역사』[2]와 『여성의 역사』[3]로 번역되어 있는 유명한 유럽 통사 기획들에 참여한 역사가라는 사실도 파르주의 위상을 짐작케 해준다. 파르주의 단독 연구서도 수십 권이 검색된다. 그중 최고작은 뭘까. 파르주와 함께 서양여성사 중 르네상스와 계몽주의 부분을 책임 편집했던 데이비스Natalie Zemon Davis는 18세기 식품 절도죄에 대한 연구[4]와 18세기 객사자에 대한 연구[5]를 중요하게 언급한다.[6]

그리 유복하지 않은 가정에서 삼남매 중 막내로 태어났

---

1   Robert Darnton, "The good way to do history," *The New York Review of Books*, 9 January 2014(http://www.nybook.com/articles/2014/01/09/good-way-history/).

2   원서 정보: *Histoire de la vie privée*(총 5권, 책임편집자: Philippe Ariès & Georges Duby, Paris: Éditions du Seuil, 1985~87). 이 중 파르주가 필자로 참여한 제3권의 원서 정보는 이 책 p. 8, 주석 5 참고.

3   원서 정보: 이 책 p. 46, 주석 10 참고.

4   Arlette Farge, *Délinquance et criminalité: Le vol d'aliments à Paris au XVIIIe siècle*, Paris: Plon, 1974.

5   Arlette Farge, *Le Bracelet de parchemin: L'écrit sur soi au XVIIIe siècle*, Paris: Bayard, 2003.

6   이 책의 영어본[*The Allure of the Archives*, Thomas Scott-Railton(trans.), New Haven: Yale University Press, 2013] 중 "Forward," pp. ix~xvi 참조.

다는 것, 미성년자 전문 판사*juge des enfants*를 목표로 공부하다가 진로를 바꾸어 법제사 연구로 *DEA*(*Diplôme d'études approfondies*)를 취득했다는 것, 취업이 여의치 않았던 탓에 미국으로 건너가 코넬 대학교에서 박사논문을 준비하다가 흑인 학생운동과 페미니즘 운동을 접했다는 것, 프랑스로 돌아와서 이른바 심성사*Histoire des mentalités*의 개척자 뤼시앙 페브르*Lucien Febvre*의 제자인 로베르 망드루*Robert Mandrou* 밑에서 18세기 식품 절도죄 연구로 박사학위를 취득했다는 것 등등의 정보는 위키피디아[7]에서도 확인할 수 있다. 하지만 파르주가 심성사라는 중요한 학파의 주요 멤버인가 보다 하는 짐작은 좀 위험할 것 같다. 심성사에 대한 파르주 자신의 비판적 성찰이 이곳 『아카이브 취향』에서 튀어나오기도 하기 때문이다. 본문에서 파르주가 중요하게 언급하는 푸코, 드 세르토, 리쾨르, 비달-나케*Pierre Vidal-Naquet* 등등은 역사학의 특정 학파 안에 묶이기는커녕 역사학이라는 분과학문 안에 묶이기도 어려운 사람들, 분과학문 사이의 경계를 훌쩍 뛰어넘어 역사의 쓸모와 폐단을 성찰한 사람들이다.

텍스트를 읽는 내내 파르주가 끝내 명시하지 않은 이름

---

7   위키피디아(https://fr.wikipedia.org/wiki/Arlette_Farge)에 나오는 출처 중 하나인 미셸 드롱*Michel Delon*의 "Arlette Farge"(https://www.universalis.fr/encyclopedie/arlette-farge/)라는 글은 "아를레트 파르주는 학계의 왕도를 걸은 역사가가 아니다"라는 문장으로 시작된다.

하나가 머릿속에서 계속 맴돈다. 평생 파리를 연구한 사람. 약
한 것들, 작은 것들, 보이지 않는 것들에 주목한 사람. 주류 역
사를 의심하면서 아카이브에 서식한 사람. 발터 벤야민*Walter
Benjamin*이다.

　혹시나 하면서 파르주의 작업물 목록을 훑어 내려가
던 두 눈이 발터 벤야민이라는 이름이 포함된 글 한 편[8]에 멈
춘다. 반가운 마음에 이 글의 첫 섹션과 마지막 섹션을 옮겨
본다.

　"우리의 정신세계에서 가장 중시되는 습관들을 꼼꼼하게
흐트러뜨려야 한다"(*Écrits français*, Paris: Gallimard, 1991,
p. 344). 발터 벤야민이 「역사의 개념에 대하여Sur le concept
d'histoire」에서 쓴 문장이다.[9]

　"흐트러뜨린다déranger"라는 동사는 맹목 계열의 어휘이
기도 하고 광란 계열의 어휘이기도 하다. 하지만 어느새 상
당히 밋밋한 단어가 되었다. 미셸 푸코와 내가 『봉인영장

8　　Arlette Farge, "Walter Benjamin et le dérangement des habitudes
historiennes," *Walter Benjamin. La tradition des vaincus*, Paris:
Éditions de L'Herne, 2008, pp. 27~32.

9　　원문: "Il faudra *déranger* soigneusement les habitudes les plus
chères à nos esprits." 벤야민 본인의 번역. 독일어본 "Über den
Begriff der Geschichte"에는 이 문장이 없다.

연구』[10]의 제목에 넣고 싶었던 단어이기도 하다. 흐트러뜨린다는 것은 과격한 어휘에 속한다. 해로운 습관을 흐트러뜨리려면 자기 자신에서 벗어나야 한다. "자기 자신이라는 절벽"을 기어 올라가야 한다. 역사가의 습관들과 헤어지겠다고 결심해야 한다.

내가 예전부터 벤야민의 글을 즐겨 읽고 내 것으로 삼고 수시로 확인하고 이따금 나 자신의 문제 틀에 통합해온 것이 유익한 결과를 낳았음은 두말할 필요도 없다. 그가 쓴 글의 내용들, 미완과 단상을 형식으로 삼는 내용들 때문이기도 하지만, 그의 삶, 그의 편지들과 인간관계, 그의 윤리적 선택들, 그의 의심들, 그리고 그의 비관의 일부, 그의 격정의 일부, 그의 우울의 일부가 그야말로 나와 동행해주었기 때문이다.

수수께끼와 투명함, 포에지poésie와 소신 사이를 오가는 그의 언어는 철학이나 역사의 습관적 인식과는 전혀 다른 방식의 전유적 인식appropriation을 가능케 한다. 그의 독자는 어느새 습관적 인식의 바깥에 나와 있다. 경이의 길과 연결된 곳, 도시 공간들의 현실, 존재들의 현실과 가장 가깝게 연결된 곳이다.

벤야민을 읽다 보면 역사가들의 태도를 뒷받침하는 확

10   이 책 p. 43, 주석 6 참조.

정적, 직선적, 무갈등적 기반이 아득하게 멀어지면서, 니체 Friedrich Nietzsche의 불확정성과 저항성, 크라카우어Siegfried Kracauer가 걸어간 국외자의 행보(물론 크라카우어의 행보 는 벤야민에 비해 실용적이었다[11]), 미셸 푸코의 강도 높은 급진성이 한곳에 모인다. 벤야민을 향한 팬심으로 이루어 진 친밀감 같은 것이 18세기 형사사건 아카이브를 출발점 으로 삼는 내 작업의 동기가 되어주었고, 역사의 서사를 정 립하기 위해 사용되는 논법들과 어법들을 의심하게 해주 었다. 미셸 드 세르토가 16세기, 17세기에 대한 책[12]과 역 사 쓰기에 대한 책[13]에서 이 저자들을 모두 끌어오는 것도 "타자를 말해야dire l'autre" 한다는 요건을 역사의 첫번째 요건으로 정립하기 위해서였다. 타자는 현재 안에 살지 않 는다. "무언가가 사라져버렸다. 두 번 다시 돌아오지 않을

---

11   크라카우어가 유고집 『역사: 끝에서 두번째 세계History, the
       Last Things Before the Last』(1969)에서 찰스 틸리Charles Tilly의
       방데 내전 연구를 비판하는 대목("과학적이라고 자처하는 역사
       연구는 조만간 극복할 수 없는 장애물에 부딪힐 것이다. [⋯]
       일부 사회학자들이 역사를 과학화하기 위해 사용하는 우회
       방식들을 보면 이 점을 잘 알 수 있다")을 파르주 자신의 프랑스
       혁명 논의와 비교해본다면 이 말의 의미가 더 분명해진다. 어쨌든
       크라카우어는 프랑스를 탈출해서 미국으로 망명하는 데까지는
       성공했다.

12   Michel de Certeau, *La Fable mystique: XVIe et XVIIe siècle*, Paris:
       Gallimard, 1982.

13   Michel de Certeau, *L'Écriture de l'histoire*, Paris: Gallimard, 1975.

것이 사라져버렸다. 역사를 쓴다는 것은 애도의 한 방식이다. 〔…〕 역사가는 죽은 존재들을 위로하고 폭력과 투쟁한다. 그러면서 무질서를 극복하는 피조물의 이성을 생성해낸다." 그러면서 피조물의 감정에 감사기도를 올린다.

〔…〕

『파사주 작업』,[14] 19세기 파리에 대한 다각적 고찰,[15] 보들레르와의 '완벽한' 동맹,[16] 한 소멸하는 도시(파리)가 불러일으키는 친밀하고 격한 감흥[17]은 도시 공간과 대중 행동을 연구하고 있는 역사가에게 작업을 위한 성찰과 영감의 원천이 되어준다. 나처럼 계몽주의의 세기를 전공하는 경우에도 마찬가지다.

14   벤야민이 평생에 걸쳐서 채워나간 19세기 파리 관련 자료집. 독일어로는 Passagenwerk로 통칭된다.
15   파리는 히틀러 집권기에 고향 베를린을 떠나야 했던 유대계 독일인 벤야민의 제2의 고향이었고, 19세기 파리는 도시 연구자 벤야민의 필생의 연구 주제였다.
16   19세기 프랑스의 대표적 시인 샤를 보들레르Charles Baudelaire는 벤야민이 평생 가장 주목한 작가였다.
17   1940년에 나치 독일이 프랑스를 점령하면서, 파리를 거처로 선택했던 유대인 망명자들은 또다시 탈출해야 했다. 위험을 예감하면서도 다른 곳에서의 삶을 구상하는 데 어려움을 겪던 벤야민은 결국 제때 파리를 떠나지 못했고, 결국 스페인 국경에서 검문에 걸려 자살했다.

벤야민이 가리켜 보이는 보들레르 시대의 파리는 막강함과 취약함 사이를 오락가락한다. 복잡하게 유동하면서 현기증을 불러일으키는가 하면 너무 쉽게 부서지는 이 형상이 보들레르 이전 시대의 파리를 연구하는 모든 역사가를 시험한다. 바로 이 형상에 인간 존재의 취약함을 첨가하는 것이 벤야민의 탁월함이다. 벤야민은 파리를 대할 때 오래 애쓴 끝에 겨우 만나게 된 어떤 인물을 대하듯 한다.

"어두운 파리는 눈을 비비면서/연장을 집어드는 늙은 노동자."[18] 보들레르가 파리를 이런 방식으로 가리켜 보인다면, 벤야민은 대중의 망각적, 찰나적, 항구적 막강함을 그려 보이는 방식으로 파리의 은밀한 현존과 파리의 막강함을 가리켜 보인다. 벤야민에게 이 도시가 모종의 독립적 개체une entité로서 펼쳐지는 것은 맞다. 하지만 그런 파리를 진짜로 아는 사람은 행상,[19] 넝마주이,[20] 그리고 플라뇌르

18 보들레르의 시 「밝아오는 아침Le Crépuscule du matin」의 마지막
    두 행이다.
19 벤야민은 행상을 문학론의 주요 개념으로 구상해보기도 했다.
    다음을 참조. "하녀 소설? 언제부터 문학작품을 소비층에 따라
    분류했는가, 라는 질문이 나올 것이다. 불행히도 그런 분류는
    아직 없었다. 있더라도 극히 드물었다. 문학작품을 소비층에
    따라 분류하는 평론이라면, 닳고 닳은 미학적 평론보다는
    훨씬 많은 것을 말해줄 수 있을 텐데. […] 여기서 행상업을
    출발점으로 삼고자 하는 것은 그 때문이다. […] 광고라는 것이
    존재하지 않았던 시대에 하층 계급에게까지 책을 팔고 싶어 하는
    출판업자는 행상에게 의존했다"(Walter Benjamin, *Gesammelte*

162

flâneur[21]뿐이다. 넝마주이는 루이-세바스티앙 메르시에[22]가 중시한 인물 유형이고, 플라뇌르는 벤야민 본인의 인물 유형이다. 물론 한량이라는 보들레르적 테마도 이어서 곧 등장한다. 이런 인물 유형들이 각각의 정치적 기능 너머에서 하는 일은 결국 역사가의 이름이 되는 것이다. 역사가는 의미sens의 틈새에서 의미를 얻는다는 의미에서 영원한 플라뇌르다. 배회rôder(드 세르토의 표현), 땜질bricoler, 불안, 수집하는 동시에 산포하는 일, 수집하지 않는 일 등은 플라뇌르의 경험일 뿐 아니라 바로 이런 방식으로 역사에 가닿고자 하는, 그렇게 가닿은 역사를 써내고자 하는 시민 역사

        Schriften, Bd. IV, 1991, pp. 620~22).

20   벤야민은 크라카우어의 『사무직 노동자*Die Angestellen*』(1930)를
        극찬하면서 저자가 수집한 사무직 노동자들의 말을 넝마에
        비유하고 저자를 넝마주이에 비유한다. 다음을 참조. "새벽에
        넝마주이가 넝마를 줍는다. 혁명의 날 새벽이다"(Walter Benjamin,
        Gesammelte Schriften, Bd. III, 1991, p. 225).

21   19세기 파리에서 길거리를 배회하던 유한계급 남성. 벤야민의
        19세기 파리 연구에서 다루어진 것을 계기로 문화 이론에서
        중요한 개념이 되었다.

22   Louis-Sébastien Mercier(1740~1814): 프랑스 혁명을 전후로
        활동했던 극작가 겸 작가. 1770년에 나온 그의 『2440년*L'An
        2440*』은 문제적 현재가 과거로 설정되고 개혁의 전망이
        현재(성직, 성매매, 구걸, 학교, 요리, 군대, 노예, 임의 동행, 세금,
        길드, 국제 무역, 커피, 차, 담배 등이 없는 사회)로 설정된 유토피아
        판타지 소설이다. 벤야민이 주목했던 유토피아 판타지로는
        『레사벤디오*Lesabéndio*』라는 소행성 소설이 있었다.

가l'historien citoyen의 경험이다.

　이것이 결론이냐고? 천만에. 어쨌든 벤야민은 이런 결론에 동의하지 않았을 것이다. 결론으로는 벤야민 본인의 말 몇 마디를 옮겨 적는 것이 나을 듯하다. 『1900년경 베를린의 유년Berliner Kindheit um Neunzehnhundert』에서 나비를 뒤쫓던 경험을 되살리는 대목이다. "내 몸 안의 모든 세포들이 점점 나비에 다가갈수록, 내 본질이 점점 나비를 닮아갈수록, 나비의 움직임에서는 인간적 의지의 기색이 점점 강해졌다. 나비를 잡는 일은 내가 인간으로서의 나 자신의 삶을 다시 잡기 위해 반드시 치러야 할 대가인 듯했다"(Écrits français, p. 73).

　그렇구나, "인간에 대해 그리고 망각 속에 묻힌 것들에 대해" 이야기한다는 『아카이브 취향』의 마지막 말이 그런 뜻이었겠구나, 18세기 전문가 파르주에게 앙시앵 레짐의 대중은 벤야민이 뒤쫓던 나비 같은 것이었겠구나, 역사가에게 과거는 현재가 이른바 인간의 속성들이라고 규정한 것들을 넘어서 존재의 본질 같은 것에 가닿는 통로 같은 것이겠구나, 라고 짐작케 해주는 글이다. 벤야민의 작업에 대한 논평이라기보다는 벤야민에게 바치는 오마주로 보이기도 한다.

　이 짧은 글의 두 대목을 옮기면서 뜻을 되새겨보는 과정(그런 되새김을 각주 형태로 정리해보는 과정)이 번역자에게는 『아카이브 취향』을 더 좋아하게 되는 과정이었다. 역사철학자 발터 벤야민에 익숙한 독자에게라면 아를레트 파르주라는 낯선 역사가의 이야기가 좀더 선명하게 들리지 않을까 하는 짐작에 기대어 밀어붙여본 과정이기도 했다.

그 짐작 속에는 파르주라는 역사가가 국내 독자에게 다소 낯선 저자이리라는 걱정도 있었다. 『여성의 역사』는 절판 상태이니, 지금 국내 서점에서 구할 수 있는 파르주의 글은 『사생활의 역사』 3권에 실린 짧은 글 한 편이 거의 전부다. 20세기 프랑스 역사가 42명을 소개하는 영어권 저서[23]에서 파르주의 이름을 찾아볼 수 없는 것도 사실이다. 앞에서 인용된 파르주의 연구서 주제(18세기 식품 절도죄, 18세기 객사자, 앙시앵 레짐의 봉인영장 등등)를 떠올려보면, 이 연구자는 아카이브 작업이라는 노역에 만족하는 건가, 과거의 역사철학적 의의를 논하는 화려한 단계는 푸코나 벤야민 같은 거장에게 팬심을 표하는 것으로 대신하고 싶은 건가, 하는 인상까지 받게 된다.

그런데 그런 인상의 흐름 속에서 『아카이브 취향』의 의의가 문득 더 선명해진다. 『아카이브 취향』 전체가, 그래서 당신의 역사철학은 무엇입니까? 라는 질문을 받은 한 아카이브 역사가의 대답인 것 같다. 나직한 만큼 단단하고, 구체적인 만

---

23   2010년 저서이고 국내에는 2016년에 『20세기 프랑스 역사가들』이라는 제목으로 번역되었다.

큼 감동적이다.

　여기서도 조금만 구체적으로 들어가 보자면, 「무수한 흔적들」은 아카이브 열람자의 경험을 감각적으로 묘사하면서 18세기 형사사건 아카이브의 물리적 특성을 짚어주는 챕터다. 과거와 만나는 경험이 실은 근원적으로 종교적이라는 것을 이 계몽주의 시대 전공자는 절대로 대놓고 말하지 않지만, 연구가 얼마나 기도를 닮았나를 그 어떤 기성 종교 설교자보다 설득력 있게 전하고 있다. 무수한 흔적들des traces par milliers이라는 소제목 자체가 모종의 신성한 표징signes을 가리키고 있다.

　「아카이브에 누가 있는가」는 아카이브 작업자가 18세기 파리의 경찰 조서를 읽어나가면서 무엇을 발견하고 무엇을 경험하고 무엇을 통찰하는가를 들려주는 챕터다. 대중이 권력을 상대로 내놓는 진술들 속에서 '진실'은 무엇이고 '실재'는 또 무엇일까. '대중'의 역사, '여성'의 역사는 어떻게 해야 쓸 수 있을까? 기존의 역사에 새로운 챕터를 추가한다고 될까? 우리가 보편사라고 알고 있었던 엘리트의 역사, 남성의 역사를 근본적으로 뒤집어엎기 전에는 안 되지 않을까? 『아카이브 취향』 곳곳에 울컥한 부분이 많지만 그중에서도 "충돌"이라는 제목의 섹션은 (「좌초한 문장들」의 "대중의 의사표현" 섹션과 함께) 가장 파괴적인 잠재력을 간직하고 있는 대목인 듯하다.

「수집 단계」에서 저자의 목소리는 어느새 다시 나직해져 있다. 아무리 과격한 전망도 옛날 종잇장을 한 장 한 장 넘기는 일에서 시작할 수밖에 없다고 말하는 듯 아찔하게 단조롭고 섬뜩하게 임의적인 한 시간 또 한 시간의 작업을 아무 포장 없이 적나라하게 보여주는 챕터이기도 하지만, 역사 연구자에게 필요한 자질과 역량을 에둘러 일러주는 챕터이기도 하다. 역사란 무엇인가를 정의하고 싶어 하는 독자는 파르주의 역사철학이 그다지 새롭지 않다고 느낄지도 모르지만, 겸허하면서도 엄정한 파르주의 목소리를 지루하다고 느낄 독자는 아마 없지 않을까 싶다.

『아카이브 취향』에서 가장 감동적인 챕터를 꼽자면 단연 「좌초한 문장들」이다. 하지만 그 감동은 역사의 의의를 기세 좋게 긍정 또는 부정하는 데서 오는 감동이 아니라 역사 독자들을 깊이 번민하게 하는 감동이다. 복잡다단한 삶과 형사사건 자료 사이의 아득한 심연, 한 사람 한 사람의 이야기들과 이른바 역사적 사실들 사이의 까마득한 간극이 파르주의 아카이브에서 낭떠러지 같은 현기증을 불러일으킨다. 하지만 파르주의 격렬한 역사수정주의 비판은 바로 그런 자기성찰 위에 서 있기 때문에 더 강력한 힘을 발휘한다. 살아 있는 공동체의 기억을 조롱하는 냉소주의적 역사가에게 시민은 따져 물어야 한다. 누구를 위한 역사인가? 살인자를 변호하는 역사인 것은 아닌가? 고통당한 사람들, 죽은 사람들을 제거하

167

이것이 결론이냐고? 천만에, 라고 파르주는 말하고 싶었던 것 같다. 과거의 피 위에 세워진 공동체의 구성원이자 현재의 출혈로 보존되는 아카이브의 이용자인 시민 역사가의 자화상을 챕터들 사이에 다른 글씨체로 그려 넣는 것도 그 때문인 듯하다. 어쨌든 파르주의 그림 속에 등장하는 연구자들은 진리를 추구하는 엄숙한 학자들과는 거리가 멀다. 자료의 동굴로 가는 법을 찾기까지 기나긴 시간을 불안함과 거북함 속에서 어정쩡해하는 초학자들, 알량한 특혜를 위해서 잔인함과 교활함을 발휘하는 위선자들, 좁은 서식지에서 서로의 신경을 긁는 신경 쇠약자들, 기껏 자유로워봤자 수족관의 물고기들… 이라는 주석조차 너무 심각하게 들릴 만큼 우스꽝스러운 그림들이다. 역사가는 과거를 내려다볼 수 있는 신적인 존재가 아니야, 신이기는커녕 옛날 종잇장에 매달려서 평생을 보내는 희한한 취향의 미물일 뿐이야, 하지만 어쩌면 미물의 그 괴기함과 미련함이 어떤 구원으로 연결되는 먼 길일지도 몰라, 라는 생각의 흐름을 만들어낸다는 점에서는 어디선가 카프카의 우화들과 연결되는 그림들이기도 하다.

2020년 1월